21世紀北東アジア世界の展望

グローバル時代の社会経済システムの構築

編
生活経済政策研究所
増田祐司

日本経済評論社

プロローグ　北東アジア地域の現状認識と未来に向けて

増田祐司

北東アジアの地域と諸国は、距離的には近かったにもかかわらず、これまで冷戦時代の影響が残り、相互に疎遠な関係であることを余儀なくされてきていた。

二一世紀の初頭においてはこの環境は大きく変化しつつあり、世界の底流としての経済のグローバル化の流れの中でも、この地域の交流は、貿易と投資のみならず、経済、技術、情報、教育、学術、文化を含めて飛躍的に発展することが可能となっている。この交流の深化・発展に資するため、当該地域について世界的広がりのなかにおいてとらえつつ、さらなる発展と交流を図ることが、求められている。

ここで北東アジアの社会経済システムの現在を把握し、将来の展望を行うに当たっては、次のようなアプローチが考えられる。北東アジアの社会経済の研究し、さらにその成長構造を明らかにし、将来展望を行うことが必要になる。この場合、将来展望は、単なる現状の延長として行うのではなく、地域のあるべき姿を考慮しつつ、行うことになる。

現在、北東アジアに進展しているのは、グローバルな産業連携であり、そのなかで各国経済は、その連携を形成し、そのなかで構造転換を遂げつつある。日本経済は、もちろんのこと、中国経済、韓国経済は、経済パラダイムを転換しながら、同時に一層の国際分業を進めているのである。

それは、またIT・インターネットという現代経済の技術的な基層をもとにしてグローバル経済、そして北東アジア経済の社会経済のネットワークが構成されている。

そして、これが「北東アジアビジネス経済圏」という新しい国際分業体制をつくり上げることになる。それは同時に北東アジア地域の全体にわたって労働力編成の再構成を迫るものであり、国民経済、地域経済に再編のシナリオを描くことを求めることになるのである。

これはまた、北東アジア地域を構成する社会に大きな変容を迫るものである。その変容は、それぞれの社会構成体によって異なることになるが、全体としては、将来に向けて地域統合を進めるモメントともなるものである。民主化の推進と市民社会をいかに構築していくかが、ここで問われることになる。ここでは「ソーシャル・アジア」構築に向けて「ソーシャル・ヨーロッパ」の経験と教訓を踏まえつつ、その取組みと活動を紹介しつつ、将来を展望している。

ここで展開したのは、日本経済、韓国経済、中国経済等、現実の北東アジア経済を構成する国民経済の現状分析を中心とし、さらに北東アジア全体としての技術構造、労働編成等に関してアプローチしたものである。そして、二一世紀北東アジア経済のあるべき姿を探ろうとしたものである。

二一世紀世界経済のグローバリゼーションという大きな潮流の中で、新しいプレーヤーが登場し、またそれぞれの地域で独自の統合に向けて動き出している。その統合原理は、単なる国家間の地域連合体ではなく、これまでの国家を超えて企業や個人のネットワークをも包み込んだ構成体となりつつある。これが、国家間、企業間、そして個人間の関係を変え、世界秩序に地殻変動をもたらすことになる。九〇年代に急速に進行した市場経済化、グローバル化のなかで注目されるのはプレーヤーは必ずしも国民国家の規模ではなく、その競争力が指標となってイノベーションのあり方が、評価されることになる。

第一に世界化（グローバリゼーション）の問題は、世界経済のなかでは地域化（ローカライゼーション）の問題と密接に関連している。とりわけ九〇年代から二一世紀の世界経済システムにおける国際貿易体制顕著な特徴は、このリージョナリズムとグローバリズムという二つの大きな潮流が併存していることにある。リージョナリズムは、欧州における地域経済統合の進展に現れている。この展開は、異なる地域、経済の発展段階、経済体制にかかわらず進展しているものである。

他方、世界経済秩序に関しては多国間交渉に基づく全世界的な自由貿易活動を保証しようとするグローバリズムも存在している。経済のグローバリズムは、ＷＴＯ体制の発足前後に大きく盛り上がり、曲折はあるにせよ貿易と環境、ないし貿易と労働といった世界経済イッシューに関して多国間交渉を進めている。現在の世界政治経済におけるグローバリズムとリージョナリズムの相克、あるいは国際貿易体制の成立と変化等は、まさに世界経済システムにおける北東アジア経済も同様の問題を提起している。

第二にそれぞれが持っている経済発展プロセスは、それぞれ累積的な性質を持っており、これが社会システム、経済システム、技術システム等を規定し、これが社会経済発展のあり方を規定してきたのである。いま二一世紀にあって社会経済システムは、知識社会を創出しており、これが各々の社会、国家だけでなく、世界秩序にも新しい性格を与えることになったのである。この発展プロセスでは経済システムの構成者、参加者が、多様化する方向にあり、高度化する傾向にある。グローバル世界において国家は、それぞれ工業化、情報化、知識化を推進するためにグローバル化を図り、その点では国家の枠組みを明確にし、国際競争力、技術開発力を強化し、それによって逆に自らの優位性を確立しようとしているのである。

第三にインターネットなど情報技術（ＩＴ）の発達により、これが社会技術基盤となり、社会発展のあり方、地域間関係を変えようとしている。こうしてそれぞれの地域で多様な主体から構成される多極的な世界秩序が形成されることになる。

このため、ここでは世界的な視野から新しい地球的な民主主義、グローバル・デモクラシー、そしてグローバル市民社会のあり方に関して考察するとともに、北東アジア地域における産業発展、産業開発のあり方、労働のあり方に焦点を当てようとしたのである。

そして、それはとりもなおさず、この地域の可能性に関して構想力を持って将来を展望することにほかならない。北東アジアはどのような展開を遂げているのか、遂げるべきなのか。どのような北東アジアの安定と平和を構築すべきか、また日本はどのようか役割を果たすべきなのかを構想することである。すなわち、この地域社会のグランド・デザインを描くことにほかならない。

目次

1 北東アジア経済の地域パラダイムの構築
——二一世紀の社会経済パラダイム転換と地域連携とに向けて——

増田祐司

1 世界経済システムにおける北東アジア経済のパラダイム

(1) 北東アジア経済のパラダイム転換

北東アジア経済は、二一世紀の初頭にその雄大な姿を現しつつある。北東アジア地域内での経済取引の急速な拡大、また域内の日中韓三カ国の関係の緊密化、さらにエネルギー・環境等の面においても協力関係を構築しており、地域連携は次第に強固なものとなりつつある。

過去二〇年の間に東アジアにおいては、奇跡の経済成長から、危機の時代を迎え、東南アジア経済の成長が緩やかに展開しているなか、北東アジア経済は、新しい経済発展の時代を迎えている。この地域の経済成長に先導的な役割を果たしてきた日本経済は、そのなかで中核的な役割を担いながらも、成熟経済の様相を帯びているのである。

この経済成長の多様な展開は、国際政治体制と無関係ではありえないのであり、特に九〇年の東西冷戦の終焉は、世界経済システムの構造に大きな影響を及ぼし、経済発展のあり方を決めるまでになった。それに伴って政治経済の認識軸が変わることになったのである。

第二次大戦後、特に一九五〇年代からの地域認識の軸は、国際政治の機軸的な対抗軸が南北軸から東西軸へと転換し、それに伴ってNortheastは、〈北東アジア〉とされるようになった。それまでこの地域は、世界経済システムの中では〈Fareast 極東〉であり、明らかに西欧中心の認識が影を落としていたのである。しかし、いま、この地域軸の認識は、東西冷戦の時代が遠くに去ってしまったいま、新しい視座のもとでの世界経済システムに光が当てられつつある。

二一世紀の世界経済システムに〈北東アジア Northeast〉は、新しい様相を持って形成されつつある。そのため、三つの視座からこの地域のあり方を設定し、その実現に向けて共同歩調をとることが必要となっている。

第一の視座は、G（Grand Design for Goal）である。これは、それぞれ国民経済であれ、高次地域レベルであれ、グランド・デザインのもとにその目指すべき目標（Goal）を設定することであり、地域の未来を構想するとき、基本的な要件となる。これからの北東アジア経済を考えるとき、想定される地域経済の枠組み構成をつくり上げ、その経済圏における相互補完的な関係をつくり上げ、共存しつつ、一層経済発展を図ることが欠かせないのであり、これが基本的な要件となるのである。それは、地域の共同の目標を設定することであり、まさに北東アジアという広域レベルでの地域目標を設定することにほかならない[1]。

第二の視座は、G（Growth：発展）である。これは、地域の発展を促進する方策を設定し、実現することである。これは、決して量的な拡大を目指すものではなく、地域内の均衡ある発展を目指すものであり、これによって世界経済システムにおいて独自の地域を形成し、構築できるのである。発展とは、単なる量的な問題ではなく、それぞれの地域経済の関係、構造そのものの変容が問われるものであり、これこそがこの北東アジア地域の新しい関係をいかに構築するかが、現在と将来に向けて、基本的な課題となるのである。

第三の視座は、ガバナンス（Governance）である。これは、発展のあり方にかかわることであるが、いかに地域のガバナンスを実現するかが問われることになる。二一世紀の世界経済は、グローバル化がさらに進み、トランスナショナルなグローバル化の進展によって多国籍企業などの脱国家的なアクターの活動が一層活発になりつつある。これまでの行動主体としての国民国家のガバナンスだけでなく、多国籍企業など新しい行動主体を含めたガバナンスが、いま問われているのである。このようななかで北東アイデンティティは、伝統的な国家や国際関係とどのようにかかわり合っていくのかが課題となる。

(2) 北東アジア経済における社会経済体制の変容

北東アジア経済における社会経済体制の変容は、まず、第一に経済発展モデルにかかわる認識の転換と政策対応に見られる。中国経済は、WTO加盟と進展し、深化する市場システムへの移行をもたらした。そして世界経済システムの動揺と中国経済改革によって中国経済はさらなる成長の可能性を持っている。その動向は、世界第二位の経済規模を誇る日本経済はもちろん、アジアを中心とする世界経済全体に大きな影響力を持ちつつある。

そして中国はWTO加盟を達成したいま、地域的にはASEAN諸国とのFTA締結計画を推進しており、この地域でのプレゼンスは日増しに高まっているのである。今後の中国経済の成長にはどのような課題があるのか。

中国経済の急速な進展は、これまでの経済発展モデルとされた「雁行型発展が崩れ大競争時代を迎えた」(二〇〇一年版『通商白書』)という政策上の認識の転換をもたらした。これは二一世紀世界経済システムのなかでの国際的な産業の水平分業や企業の海外展開が再発することを意味しており、地域産業への新たな課題となっているのである。

冷戦構造の崩壊により、一九九二年以降中国とインドは、経済開放体制が整え、独自の手法で近代化を進めてきた。これにより、中産階級の所得は改善され、上昇することとなった。これも先の雁行形態モデルを前提とする日本の発展モデルがもはやアジアの途上国にとって学ぶべき対象ではなくなったことを意味している。

第二に現在、成長を遂げている北東アジア諸国の社会経済システムをいかに認識するかにかかわることであるが、これを工業化の進展として把握することを超えて、さらに情報化の進展、ないし情報社会への構造転換として認識することが必要である。確かに、中国経済をとって見ても、沿海部では先進国並みの生活水準にあり、その消費水準も高いレベルにあり、また知的水準もきわめて高いものがある。

これを世界経済レベルで見るとき、世界経済が「工業社会」から「情報社会」にステージを変えており、モノ、サービス、情報の流れとそのスピードが根本的に変わりはじめている。さらに中国社会は「知識社会」に移行しつつあり、知識革命を推進する地域として認識されており、逆に世界経済システムに大きなインパクトを与えている。[2] そしてそのことが、これまでの工業社会において構築されてきた流通構造、生産構造とのギャップを生み出している。[2]

中国経済は九〇年代末から二一世紀初頭にかけて世界経済にデフレをもたらすものとされてきており、大きなデフレ圧力として日本経済そして世界経済全体に押し寄せているものと見られていた。この中国に起因するとされる「デフレ問題」は、中国経済の問題ではなく、より本質的には世界経済システムの構造的問題であり、生産、金融、情報、流通、そして人材なども含めた経済要素、経済関係のすべてにわたるものである。

世界経済システムがこの構造変革によってデフレ圧力という構造問題に直面するのは経済史上初め

ての経験ではない。第一次産業革命時の一九世紀の蒸気機関の発明による鉄道等交通網の飛躍的拡大を上げることができる。蒸気機関の発明による交通網の飛躍的拡大は、それまでの自然に依存した流通構造を根本的に変え、経済関係に変容をもたらした。その結果、それまでの経済関係によって形成されてきた価格体系は崩壊し、工業社会の基盤が世界的に形成されるまで世界経済に対するデフレ圧力は持続することとなった。そして、世界経済は、工業化による流通構造への対応を進めた地域と対応を行えなかった地域との間で貧富の差を拡大させ、今日に至っている。工業化に対応するしないの是非ではなく、工業化への対応の違いにより経済社会の変化スピードと経済的貧富の差をパラレルに生じたのが一九~二〇世紀の世界経済である。

現在直面している世界経済のデフレ圧力は、この歴史の中で繰り返されるステージ変化にすぎない。そのステージ変化は、工業社会から情報社会への移行であり、変化スピードと貧富格差のさらなる拡大を意味している。そしていま、日本経済は、中国の経済発展に伴う生産財、鉄鋼などの素材の輸出で高度経済成長期以来の活況を呈している。これは、中国の経済発展が、高度の工業化を達成するためにさらなる設備投資を必要としており、それを外国からの産業素材、産業技術の輸入によってまかなっており、同時に中国経済は、さらに情報化を進めているのである。

中国社会は、工業化と情報化というこれまでは、異なるステージにあると見なされてきた近代化の手法を同時並行的に行い、これを融合させようとしている。これは、また経済や社会の中で生じている変化スピードの高まりや貧富の格差拡大等の歪み現象は、従来の工業と情報社会の問題が、複合して生じることになる。この複合した社会経済システムの課題に応えることは、中国にとっての新しい政策的な要請となっている。

(3) 世界経済システムの世界史的位相転換

いま、世界経済システムは大転換期に入っており、新しい地域形成が進行している。その中心となっているのは、北東アジアにほかならない。近代の世界システムが、大きく転換期を迎えているのである。

これまで近代世界の世界認識は、西洋中心主義のもとで二〇世紀後半の西洋・アメリカ的な認識のもとに構築された世界像であり、東洋世界、ないしはアジア世界は「世界経済」の「その他」地域に位置づけられてきた。いわゆる「近代」を準備したのは、西洋世界であり、その世界像に合わせて世界経済システムがつくられてきた。しかし、いま世界経済システムが、新しい段階に入りつつあり、大きく転位し、その構造が変わろうとしている。西欧を中心に形成された近代社会が成立して二〇〇年余り、産業革命が産業化を進め、近代化と産業化は、近代社会を構成する二つのベクトルであり、これが近代化、そして産業化の最終段階に至り、世界経済システムは完結することになる。

日本経済は、一九八〇年代、世界経済のなかで経済的な高みを記録し、時代をリードしたが、その繁栄は、短期間に消え去り、九〇年代の「失われた一〇年」を迎えることになる。いずれもそれが短命に終わり、ないしは幻想にすぎなかったことが明らかになった。これら世界経済像は、近代世界の産業化の第二段階に興ったものであり、決して新しい経済構造のもとでのものではなかったのである。

世界経済システムに二〇世紀末から二一世紀初頭に新しい時代が到来しようとしている。これまでの支配的な歴史理論であるウォーラーステインの世界システム論は、従属理論の影響のもとに一国史的・発展段階論的な視点から西洋世界が、ラテン・アメリカや東ヨーロッパといった周辺諸国の発展を阻害しながら覇権を握り、さらに世界の「残りの部分」を「世界」経済に組み込んでいくというものである。それに対しウォーラーステインの盟友で従属理論の論客A・G・フランクは、これを徹底的に批判し、新しい視座として「リオリエント」を提示している。この「リオリエント」というのは、再び東洋に向かって方向づけるということで、東洋世界を中心に世界史的認識を転回することが意図されているのである。

世界経済システムは、まさに近代の出発とともに始まり、産業化を進めることで世界的な拡がりを確立し、ついに近代以前の経済の中心である東洋世界へと回帰することになる。それは、近代世界の終わりを示すとともに新しい世界経済の時代の到来を告げるものでもある。ここでは「リオリエント」の持つ意味は、まず第一に北東アジア経済における世界経済の中心性の回帰、第二に産業化の新しい情報化へのオリエンテーション、そして第三に世界経済の中での市場経済への再移行（リオリエンテーション）という三重性を示している。世界経済システムの展開を新しい視座のもとにアプローチしようとするものである。

こうして二一世紀の初頭にあって世界経済システムでは絶対的にも相対的にも大規模な地理的な変

化が生じ、その地理的中心が移動しており、現在も続いている。二一世紀の世界経済において著しい変化をもたらしているのは、北東アジア（Northeast）にほかならない。北東アジアは世界史のなかで独自の地歩を築き、いま二一世紀での新たな展開を図りつつある。二〇世紀後半に、アジアはきわめて高い経済発展を遂げ、「アジアの奇跡」と呼ばれるに至った。九〇年代後半にアジア経済危機の試練にさらされつつ、北東アジアは装いを新たにして二一世紀のグローバル世界に参画しつつある。

2 世界経済システムにおける北東アジアの経済発展

(1) 世界経済システムと北東アジア経済秩序

北東アジアは、こうして二一世紀の世界史のなかで独自の地歩を築き、新しい展開を図りつつある。北東アジア経済群の台頭はまぎれもない事実であり、総体としてみれば、工業生産は、危機発生以前の水準を超えている。これが二一世紀世界に大きな影響を及ぼす可能性は高いのである。北東アジアは、まさに二一世紀の世界経済に参画しようとしているのである。

二〇世紀の世界を特徴づけたのは、その前半は二つの世界大戦であり、後半には東西に世界が分断され、冷戦期には相争い、米国、旧ソ連の二極からなる軍事秩序が世界を覆った。九〇年代に入り、ソ連を頂点とする東側世界が崩壊し、米国を中心に新たな秩序形成に向けて進展したように見える。

しかし、現実の世界秩序は一極に集約されるのではなく、欧州連合（EU）、東南アジア諸国連合（ASEAN）、中東、中南米も統合の動きを見せるなど国家連合－地域連合が形成され、多極化の方向に向かっている。

近代の世界認識は、また地球全体を覆う単一の世界システムが存在することを主張する。課題の設定、解決方法など、ユーロ＝アメリカニズムの価値構成から出発し、それが客観的、合理性を持つものとされてきたのである。世界史が同時代的に共有した「近世」像をそれぞれ特有の価値のもとに編成し、またそこに展開された世界経済のダイナミズムを一元的に捉えるのではなく、主体としての各地域のかかわりあいの中から構成される多様なシステムから構築されているものとの認識への転換である。

二一世紀の世界秩序は、多極構造の形成に向かっており、それぞれの地域が、独自の統合に向けて動き出している。その統合原理は、単なる国家間の地域連合体ではなく、国家を超えて企業や個人のネットワークをも包み込んだ構成体となる。現在の一国の枠組みのなかでのデモクラシー、社会開発、経済開発を超えて二一世紀には新しい地球的な民主主義、グローバル・デモクラシー、そしてグローバル市民社会を実現することが、グローバル世界の課題となる。北東アジアは、このグローバル世界のなかで社会協力、経済協力を進め、それぞれ社会経済的な基盤を確立し、グローバルな世界システムに参画しようとしており、地域のガバナンスが問われることになるのである。

世界経済における各地域の実質成長率を見ると日本経済は、六〇年代には一〇％と確かにきわめて高い経済成長率を記録している。これに対して米国、東アジア、ＥＵ、そして中南米の各地域の成長率は、なべて四〜五％となっている。七〇年代に入ると日本経済も五％台の成長率は低下はしているが、それでも米国、ＥＵよりは高い成長率を達成しているのである。ところが、注目すべきこととしては、東アジア経済が、七・七七％と高度成長の時代に入ったことである。若干の成長率の低下はあるものの八〇年代もこの傾向は変わらず、そして九七年の通貨・経済危機を迎えたあとも、七％近くの成長率を誇っている。東アジアは、世界経済システムのなかできわめて重要な役割を担うことになった。

これは世界経済システムの地域構成に大きな変容をもたらすものであり、二一世紀には東アジア地域、とりわけ北東アジア地域のシェアが拡大することを意味している。二一世紀の世界経済の課題設定のもとでのＯＥＣＤは予測作業を行った。それによれば、二〇二〇年には「低成長」「高成長」という二つのシナリオから世界経済の将来像を予測した場合、高成長シナリオではＯＥＣＤ諸国では低い人口増加が予測されるが、他方一人当たりの所得は年率二・五％の上昇となるという。特に東アジア諸国は高度経済成長を続け、一人当たりの平均所得はＯＥＣＤ平均の四分の三の水準にまで到達すると予測する。(3)

(2)　世界経済システム三つのベクトルと地域

二一世紀において、世界はグローバリゼーションという大きな潮流の中で、それぞれの地域が独自の統合に向けて動き出しているのである。その統合原理は、単なる国家間の地域連合体ではなく、国家を超えて企業や個人のネットワークをも包み込んだ構成体となりつつあるというものである。そこで二一世紀の世界経済システム、同様に北東アジア経済は、市場化（市場経済化）、世界化（グローバリゼーション）、そして情報化という三重の特性を持つことになる。

北東アジアは、地政学的・経済学的に見て、自然発生的経済圏として発展しうる大きなポテンシャルを秘めた地域である。しかし一方、地球上で唯一、冷戦構造が残っている地域であり、国境地域を中心に政治的紛争が続いてきたために、各種インフラ等の条件整備が総体的に立ち遅れている。

第二の世界化（グローバリゼーション）の問題は、世界経済のなかでは地域化（ローカライゼーション）の問題と密接に関連している。とりわけ九〇年代から二一世紀の世界経済システムにおける国際貿易体制の顕著な特徴は、このリージョナリズムとグローバリズムという二つの大きな潮流が併存していることにある。リージョナリズムは、欧州における地域経済統合の進展に現れている。この展開は、異なる地域、経済の発展段階、経済体制にかかわらず進展しているものである。他方、多国間交渉に基づく全世界的な自由貿易活動を保証しようとするグローバリズムも存在している。経済のグローバリズムは、ＷＴＯ体制の発足前後に大きく盛り上がり、曲折はあるにせよ貿易と環境、ないし貿易と労働といった世界経済イッシューに関して多国間交渉を進めている。現在の世界政治経済におけるグローバリズムとリージョナリズムの相克があり、乗り越えるべき課題となっているのである。

この世界経済の潮流のなかで北東アジア経済を構成する主要な経済体制は、日本経済、韓国経済、そして中国経済は、この地域の主要な経済システムとして二一世紀の経済システムに大きな役割を果たすものである。それぞれが持っている局所的な経済発展プロセスは、それぞれ累積的な性質を持っており、経済システムを規定しており、リージョナリズムの基盤となり、歴史的な軌道が重要な意味を持っている。同時にこの特性を基にしてグローバリゼーションを進めることになるのである。経済システムの構成者、参加者が、多様化する方向が顕著にみられる。グローバル世界において国家は、それぞれ工業化、情報化を推進するためにグローバル化をはかり、その点では国家の枠組み、閾値を低くしつつ、それによって自らの優位性を確立しようとしているのである。

第三にインターネットなど情報技術（ＩＴ）の発達により、これが社会技術基盤となり、社会発展のあり方、地域間関係を変えようとしている。こうしてそれぞれの地域で多様な主体から構成される多極的な世界秩序が形成されることになる。

このように現在進行している現象は、第一に市場化しているということであり、第二に世界化（グローバル化）である。そして情報化を基盤にして二一世紀の北東アジアは、新しい地域発展の時代を迎えているのである。すなわち、第三にＩＴ革命の意義を考慮に入れることである。ＩＴは狭義の技術変化を超えて、今後の地域社会発展のあり方、政治・経済・社会、そして文化、文明に対して大きな影響を与えることになる。これは人々の意識を変え、社会経済構造を変える地域社会の盛衰を分ける分水嶺をなす可能性がある。そのとき、いかにしてこのＩＴをそれぞれの発展経路の構築において組み入れていくかが課題となる。

(3) 世界経済システムのグローバル・シフト

東アジア経済は、ユーラシア大陸のなかで中国、およびタイを含んだ地域より東側に位置する地域であり、東南アジア、北東アジア、そして太平洋諸国のすべてを指している。この地域は、九〇年代に入っても先進工業国、旧ソ連・東欧圏等の移行経済の経済的混乱、停滞をよそに一九九七年の一時的な攪乱はあったにせよ高い成長を続けているのである。とりわけ、北東アジア経済は、世界経済システムのなかで成長地域と見られている。この地域は、新たな発展の地域として可能性を持っているのである。

世界経済システムは、大西洋から第二次産業革命時にはアメリカ経済が中心的役割を果たしてきた。二〇世紀の後半、世界秩序は、秩序を二分した米ソ二大国をベースに展開しており、冷戦の終結に伴い、中国、ロシア・東欧等の旧共産主義諸国の移行経済の経済体制に入り、市場経済化を進めることになった。これまで分断されてきた東側、西側の市場が統合されることになった。こうして地域形成においては深い冷戦体制時代の遺構を遺しているのである。欧州では、人口三億五千万人の西欧と一億三千万人の東欧の市場の統合が進み、資本や経営資源の最適配置を目指した動きがダイナミックに進められており、西欧世界が統一を進め、経済圏、そして社会経済圏を形成している(4)。

世界経済システムのなかで絶対的にも相対的にも地理的な変化が生じており、その重心が移行することをグローバル・シフトという。マクロから見ると地域経済圏の移動は、近代社会の形成以来、産業革命の段階シフトに対応してそれぞれ八〇年から一〇〇年の周期で移動している。グローバル化は、世界経済システムの傾向であり、一つの方向性を示すものであり、ある種の達成済みの状態を示すものではない。このプロセスは、地理的にも、組織的にも不均等な展開を示すものであり、あらかじめ方向づけられた単一の軌道は、存在しないのである。(5)

このグローバル・シフトは、二一世紀の初頭にあって世界経済システムの重心が次第に東アジア経済、特に北東アジア経済に移行しつつあり、世界経済地図に変化をもたらしている。一九七〇年代以降の東アジア経済は、いずれの一〇年間も約七%という世界経済でもきわだって高成長を遂げてきている。貿易面では一九七〇年代にはわずか五%にすぎなかった東アジアの輸出入の世界シェアは、一九九九年には輸出で一八%、輸入で一五%を占める高い水準に達し、大幅にそのシェアを拡大している。また資金面でも東アジアは、途上国全体の四〇%から五〇%程度の対内直接投資および銀行融資を引きつけている。こうしてモノ、カネ、ヒトのグローバリゼーションとともに、東アジアは世界の成長センターとしての存在感を高めている。

一九七八年以降、中国の改革開放が大きい成果を挙げながらもさまざまな社会経済的な歪みを生じさせており、その結果一九八九年に起こった天安門事件は、ますます経済改革に伴う経済主体間の利益衝突とそのコストを再認識する契機となった。ソ連経済の崩壊、そしてベルリンの壁の崩壊と短い間に起こった体制転換の厳しさも反面教師となって中国に自らの体制改革を迫る要因となった。中国は経済改革の一層の推進を迫られ、成長と安定を両立可能な最適な改革プログラム、経済改革等の速度とその順序を含め、具体的な改革の政策提案が求められるようになった。九〇年代に入ると改革の速度は一層加速し、一九九二年以降「社会主義市場経済」を経済体制改革の目指す目標として打ち出し、政策課題も「改革開放」を超えて「市場経済への移行」が緊急の課題として浮上してきた。

九〇年代に入ると世界経済は、まさに「大競争の時代」となり、本格的なグローバリゼーションの時代を迎えることになった。世界経済システムは、世界的な拡がりで大競争時代に突入し、この一〇年間に大きな変容をもたらした。なかでも厳しい世界的な競争環境のもとで約七%という高度成長を遂げた唯一の地域が、北東アジアである。一九九七年以降のアジア通貨危機は、東南アジアに始まったが、北東アジアは、いち早く回復軌道に載り、その後のV字型回復によって、再び世界の経済成長センターとして大きくその存在感を高めている。不良債権処理等の解決すべき構造問題を抱えてはいるが、中長期的に見て、東アジア、特に北東アジアが世界経済の中に位置づけられ、今後その存在感を増して行くものといえる。

3 北東アジア経済圏の形成とその相互連関関係

(1) 北東アジアにおける局地的経済圏

複数の国家を超えて超国家的機構や経済的地域統合を目指している場合の空間領域は自然経済圏、

ないし局地経済圏のような国家を異にするローカル相互の連携による地域空間を指す概念である。また、国家の枠にとらわれず、地域間の経済交流を図ることで実体としての経済圏を形成することも可能である。これが東アジア全体に拡がり、いま新しい構成をとろうとしているのである。東アジアでは華南経済圏、バーツ経済圏、さらに「成長の三角地帯」など局地経済圏といわれる局地的な経済発展が目覚ましい勢いで進行してきた。これら局地的な経済圏は、国境を超えて経済的な補完関係で強く結ばれ、東アジアの成長の核となってきた。この局地的経済圏は、多国籍企業などの民間資本の活発な経済活動を推進軸として形成されていった点で、これまでの国家主導によって形成されてきた地域経済圏とは区別される。

北東アジア地域においては、この局地的関係は、八〇年代から九〇年代と急速に展開してきた。中国、韓国、台湾などの企業は外貨獲得のために輸出を前提として米国の多国籍企業や日本企業から技術、資本を受け入れ、子会社や国際下請けとして産業展開を図ってきた。特に八〇年代以降、世界市場が労働集約的な製品から研究開発集約型製品へと競争の中心が移行する中で家電製品をはじめとする製品サイクルの短縮化による製品の単位コストが上昇する方向になった。一定の技術水準を獲得し、競争関係に入っている東アジアの企業は、外国企業のいわゆるアウトソーシング先として重要な提携先となってきた。

多国籍企業は、さらなる安価な労働力を求めて家電製品、半導体後工程などの労働集約的な行程をASEANや中国に移転させていったのである。また、韓国では半導体メモリー生産に代表される設備投資型産業において外国企業との技術提携等を通じて獲得した技術により世界的な生産基地に成長していったのである。こうして東アジア地域は、技術導入を通じて技術水準を急速に高度化してきた。しかし、後発企業にとって技術的な遅れ、市場への販路獲得を克服することが、大きな課題となるが、それを可能にしたのが、委託生産などの形態での国際下請けであり、OEM供給であった。

九〇年代北東アジア地域の製造能力、ソフトウェア開発能力は、急速に向上し、国際競争力を高めている。韓国は、基盤技術の向上によって半導体分野では世界的な国際競争力を誇っており、また高い大学進学率と米国等との人材交流等を背景にしてハイテク開発水準、特にIT関連では、きわめて高いものがある。

九〇年代中国では潜在的に巨大な消費市場と安価で豊富な労働力を背景にして「世界の工場」となり、生産基地となっているのである。外国資本や技術導入により効率的な生産技術や部品加工技術等が急速に蓄積されている。これは、中国経済の工業化ステージにおけるパラダイムにほかならない。また、都市圏においては高学歴者によるソフトウェア分野のベンチャー企業が、続々と起業しつつあり、ハイテク分野の技術集積も進展しているのである。台湾では国際的な下請けやOEM生産を通じて蓄積された組立加工技術を背景にしてコンピュータ等IT産業の集積が進み、産学連携を通じてベンチャー企業のスタートアップも活発に行われているのである。

北東アジア経済における局地的経済関係から見ると、たとえば九州地域には「ものづくり」の土台となる高度な基盤技術が蓄積されており、素材型から加工組立て、ハイテク産業まで広範囲にわたる産業基盤を構成しており、さらに近年、産学連携による総合的な研究開発体制が構築されつつあり、環境・リサイクル技術などの技術開発も活発化している。これらが、近接している地域と密接に関係し、新しい局地的経済関係を築いているのである。

(2) 北東アジアにおける経済発展とその転換

第二次世界大戦後、日本経済を牽引した主要産業は、五〇年代の繊維産業に始まり、六〇年代には重化学工業、そして七〇年代後半からは主軸を機械産業へと移し、さらにハイテク化を図り、国際競争力を獲得したのである。それは、一九世紀の終わりに近代化を開始し、第二次産業革命時代に入って産業化を進めた日本経済が、西欧の先進諸国に追いつき、それを凌駕したプロセスであり、短期間の内に達成したきわめて効率的な産業軌道であった。こうして日本経済は、アジア地域の中でいち早く産業構造の高度化を成し遂げてきたのである。

日本経済は、一九六五年以降、その産業構造を急速に変化させ、次々と主導産業を変えることによって国際競争力を確保することに成功したのである。一九六五年に最も輸出競争力が高かった繊維産業は、一九八〇年代の後半には輸入超過に転換しており、重化学工業も一九七〇年代半ばにピークを過ぎ、以降は、機械産業が高い輸出競争力を保持し、産業競争力を維持してきた。しかし、その機械産業についても、高い水準を維持しているものの、一九八五年プラザ合意以降の企業の海外進出に伴い低下傾向に向かったのである。

東アジア経済は、日本経済を先頭に、雁行形態的発展を遂げてきたとされる。八〇年以降の東アジアにおける繊維産業の国際競争力の動向を見ると日本の繊維産業が輸入超過に転換するとともに、NIEs、さらには遅れてASEAN4、中国が輸出を伸張している。同様に機械産業の国際競争力では八〇年代後半に日本が低下しはじめる一方で、NIEsが輸出競争力を高め、次いでASEAN4が上昇している様子が見てとれる。韓国、香港、台湾、東南アジアの経済成長は、雁行形態の成長経路をとって展開したのである。

七〇年代の東南アジアの経済発展は、当時の冷戦下での脱イデオロギー的経済発展戦略であった。東アジアの経済発展は、いわゆるネオ・リベラリズムのビッグバン・アプローチとは異なり、経済成長のためのシステムの構築こそが優先され、国家主導の政策が展開されたのである。東アジアの成長は、戦後「五五年体制下」にあった日本経済が、米国の提供する自由貿易システムの中で発展を遂げたものともいえる。

このため、各国ともに自国の経済発展のため独自の技術‐経済フレームワーク（Techno-Economic Framework）を構築し、政策を展開していったのである。これはまさに、国家目標に沿って政策的に社会経済イノベーション・システムを構築したことにほかならない。シンガポール経済は、短期間のうちにNIEsから先進国への段階へと進んだ。また、シンガポールは、当時「ルック・イースト」政策を採り、日本経済モデルを引証すべきモデルとして経済政策を展開したのである。マレーシア経済は、マハティール首相が、主導的役割を果たし、一種の独裁的な経済成長へのベクトル合わせと民主主義の質、人権とのトレードオフの危うい関係をとりながら、経済開発を進めているのである。

八〇年代半ば以降は、東アジア経済において日本経済は、援助、直接投資、貿易などきわめて相互依存的な関係の中核に立っており、特にハイテク化の進展の中で日本の役割は上昇してきた。東アジア経済の成長を見るとき、きわだった特質は経済発展段階が異なる国々が参加し、追い上げる国も追い上げられる国もそれぞれがより高い工業化の発展段階を目指し、結果としてその国の技術レベル、賃金レベルに応じて製品を造ることで棲み分ける雁行形態の発展であったということである。ここに階層的地域経済関係が形成され、特に東南アジア経済の縦のネットワーク関係が構築されたのである。

このような東アジアにおける雁行形態的な発展も、中国の台頭によって変化が生じており、雁行形態的な発展は、中国経済の発展の中で溶融しているのである。雁行的発展の特徴としては、中国が生産面および輸出面での量の拡大に加えて、比較的労働集約的な繊維産業から、比較的技術集約的な機械産業に至るまで製造業全般にわたって国際競争力を向上させていることである。中国では繊維産業が一九八〇年代後半から国際競争力を高めるとともに、機械産業も一九九〇年代半ばより急速に国際競争力を高めている。

中国特有の発展は、製品別の生産動向からも見ることができる。特に一九九五年以降、広範囲な分野においてＮＩＥｓおよびＡＳＥＡＮ４の生産量が停滞しているのに対し、中国では順調に生産量が増加している。また、東アジアの内需の三分の二を占める日本の輸入においても、中国のシェアが急増しており、輸出拠点としての同国の台頭も著しいものがある。これは、東アジアの発展形態が従来

の雁行形態的発展から、世界経済システムの中での新しい発展形態に変化していることを示している。(6)

中国においては、比較的労働集約的な繊維産業から比較的技術集約的な情報関連機器産業まで幅広く生産拠点として海外からの直接投資を受け入れており、いわゆる雁行形態的発展とは異なる発展形態を見せている。同時にここで注目されるのは、東南アジア経済は、単なる労働集約産業ではなく、IT（情報技術）の先駆的技術形態ともいえるME（マイクロエレクトロニクス）の生産を基盤にして成長してきたことである。また韓国経済、台湾経済は、重化学工業の産業群を持っており、その意味では典型的な産業発展経路を採ってきたとはいえるが、同時に次の産業段階の基盤産業ともいえる知識・情報集約型産業を保有してきたのである。これが、現在のIT産業・インターネットの興隆の基盤となっているのである。

この結果、東アジアにおける産業構造は、もはや、国の発展段階による棲み分けが行われる時代ではなくなり、先端産業も含めた各国間の産業競争が活発化している。競争環境の激化は、東アジア企業に一層、効率性向上へのインセンティブを与え、東アジア経済のさらなる発展の原動力となることが期待される。

こうして東アジア、また東南アジアの経済成長が、日本経済から見て雁行的経済発展であり、また中国経済がそれを超えて全方位的な産業フォーメーションの展開を示そうとしている。それは、また、第二次産業革命を主導した日本経済、韓国経済、台湾経済が転換点を迎え、そして中国経済の新しい形成としての北東アジアの経済成長へと転位し、北東アジア経済圏が構築されようとしているのである。

それが経済のグローバル化、金融のグローバル化、国境を超える労働力移動という労働力のグローバル化により雁行形態の変容となって現れているのである。東南アジア経済の経済活動の棲み分けが変質し、労働集約型から資本・技術集約型へと技術構造がシフトしていき、各国間の階層構造の階層化が次第に消えて、雁行的発展もまたより不明確なものになってゆくのである。

(3) 二一世紀世界経済システムの三極構成とガバナンス

現在、世界経済システムは、グローバルな規模で産業・経済構造の大きな転換期にある。欧州においてはＥＵの垂直的な統合が進展し、さらに東欧諸国まで加盟国を拡大する方向にあり、水平的な統合も進展する方向にある。南北アメリカでは二〇〇〇年四月にカナダのケベックで「米州自由貿易圏」（ＦＴＡＡ）を二〇〇五年末までに発足させる合意が成立し南北米大陸の三四カ国の自由貿易圏の確立に向けて動いている。そして東アジア経済は、これまで見てきたように急速に経済規模、産業水準を拡大しているのである。こうして世界経済システムは、ますますヒト（労働）、モノ（財・サービス）、カネ（資本）の面で密接に結びつきを強め、新しい段階に移行している。

こうして世界経済システムは、二一世紀に向けて新しい三極システムを形成しつつあるように見える。それは、かつて低開発状態にあった東アジア経済の離陸と展開が、大きな契機となって構築される世界経済システムである。これは、フレッド・バーグスティン（米国国際経済研究所所長）の危惧するように世界経済システムのなかで世界は三つの貿易ブロックに分裂することを意味するのか。バーグスティンによれば、グローバル化のなかで、世界には三つの貿易ブロックが形成されつつあるという。米国経済が大幅にスローダウンすれば、欧州とアジアはより大胆に独自の道を歩みはじめるだろうし、実際に東アジアは歴史上初めて自分達の経済圏を構築しつつあるとする。

そして、古くからの富裕国が新たな障壁を導入しないことを約束し、一方で急速な成長を遂げている諸国が障壁を撤廃するという提案は、概念的に何も目新しいことではないともいう。こうした非対照的な自由化措置は、NAFTA、EFTA、APECだけでなく、最近における拡大EUの中核思想であるとする。

それは、世界経済において誰がリーダーシップをとるのか、グローバルな自由化プロセスの見取り図を描くかという貿易の政治経済学の課題でもある。それ以上に基本的な課題は、いかなる世界経済システムを構想するかにかかっているのである。欧州と東アジアは自分たち独自の経済圏づくりに乗り出しており、それが軌道に乗りつつあるという。東アジア経済は、中国経済がWTOへの加盟により世界市場に参入することにより新しい段階を迎えることになるのである。

ここで注目されるのは、東アジア地域の目覚ましい経済発展であり、経済成長率は、他の地域のどこよりも最も高くなるものとしているのである。OECDの予測では一〇年ごとに分けているが、二一世紀の最初の一〇年間では東アジア七・〇%、中国は実に八・二%の成長となっている。一九九五年から二〇二〇年までの長期予測でも東アジア、中国ともに高い成長を見込んではいるが、中国では高成長シナリオでは八％のきわめて高いものとなっている。いずれにせよ東アジア、中国の地域は、高成長、低成長のいずれにしても、他の地域よりきわだって高い成長が見込まれているのである。

この世界経済の成長シナリオからは、欧州同盟（EU）、米州経済、そして東アジア経済と三つの経済圏に分けると、最も経済成長が著しいのは、成熟し停滞気味の日本経済、それとは対照的に成長著しい中国経済を含む東アジア経済であり、より限定すれば、北東アジア経済の伸張を意味している。東アジア経済が世界経済システムに登場することにより、それぞれの特性を持った三極構成をとることになる。この三極の成長率を単純に外挿すると拡大欧州同盟、中南米を含めた米州経済、そして日本経済、中国経済などの北東アジア経済を中心とする東アジア経済のGDPは、ほぼそれぞれ三分の一の比率となる。ここで北東アジア経済が、ますます上昇することになる。

それは、近代の産業化の最終段階としての地球をひと回りして第三次産業革命期に世界経済システムが確立したことを示している。同時に世界経済を近代以前に遡るとき、東洋は中心的な位置を占めていたが、「西洋の勃興」により、オリエント＝東洋は辺境に転落したのである。それが二一世紀には「リオリエント」として「アジアの時代」、あるいは「北東アジアの時代」を迎えることになるのである。第三の視座としての〈G〉は、社会経済の発展のあり方にかかわるものである。

こうして北東アジア経済は、二一世紀に〈周辺〉地域から離陸し、世界経済システムの中に定位置を保持することになる。果たしてその社会経済的、産業・技術的可能性はありうるのか、また経済の自立性は確立しうるのかが、課題となる。二〇世紀初頭からの日本経済の工業化、及びその展開としての東アジアの工業化が進展し、六〇年代からは東南アジア、そして北東アジアの諸国民経済がテイクオフし、経済成長を達成した。いま各地域・国が自立性を持ち、独自の展開をするようになり、経済成長を可能にする基盤を持っているかが問われているのである。

経済におけるグローバル化の特徴は、外資系企業に依存した場合、生産、販売、投資の決定が国境を無視して行われることにある。ここに外資に依存した発展の問題があり、いかにこれを内発的発展に転換しうるかが、課題となる。東アジア経済は、七〇年代に始まる「アジアの奇跡」と九〇年代後半の通貨・経済危機で挫折を経験した。二〇世紀末の東アジアの台頭はまぎれもない事実であり、それまでの停滞から転換しており、東アジアは発展への基盤を築いたのである。そして経済の比重は、二一世紀初頭から北東アジアへとシフトしているのも事実である。しかし、経済的な高度成長は、環境破壊をもたらしており、いまそれを超えて成長と環境のバランスを維持し、新しい発展の方向を開発することが、課題となっている。東アジアの国々は、環境保全が必要であることはわかっているが、それを超えるためのは「持続的な発展」を志向している。本来、経済成長と自然環境のバランスを図ることが重要と考えられている。

二一世紀の経済発展を考えるとき、経済の内発性に基づく持続的発展の方策が問われることになる。持続的発展に関して先進国側が、その経験を踏まえて先進的な智恵を提供している。この発展モデルは、グローバルな視点から国際貿易、投資のバランスを考慮し、市場経済を前提にし、コスト効率性を基に経済政策、技術政策等を立案・実施し、社会経済の能力を高めることにある。また、これとは異なる系譜から生み出された内発的発展論は、自立的な発展を図る能力を保有しているかが課題であるが、他方、地域の持っている内発力だけではなく、外部からの力も発展のために活用することが必要であるとの認識に立っている。社会経済発展にマクロの視点からアプローチするとき、この持続的発展、内発的発展の視点を合わせ持つことが必要になる。

注

（1）北東アジア・グランドデザイン研究会『北東アジアのグランド・デザイン――発展と共生へのシナリオ――』（日本経済評論社、二〇〇三年）。

（2）Carl J. Dahlman, Jean-Eric Aubert, China and the Knowledge Economy, Seizing the 21st Century, *World Development Studies*, World Bank Institute 2002. 中国が、情報技術を駆使して国際契約に基づいてソフト生産等を生産し、グローバルなビジネス活動を展開していることを詳細に報告している。また、野村総合研究所『知識経済化するアジアと中国の躍進――日本企業の戦略――』（二〇〇二年）は、この知識化の視点からアジア経済、世界経済にアプローチし、日本のあるべき戦略を提言している。

（3）OECD, *The World in 2020: Towards a New Global Age*, 1997. 邦訳は、ＯＥＣＤ編（吉富勝監訳・貞広彰訳）『二〇二〇年の世界経済』（東洋経済新報社、一九九八年）。

（4）産業化の段階規定等に関しては拙稿「北東アジアと世界経済システム――世界史的視座からのアプローチ」（ＮＥＡＲ『北東アジア研究』第一号、二〇〇一年三月）参照。

（5）Peter Dicken, *Global Shift, Transforming the World Economy*, Third Edition, Paul Chapman Publishing Ltd. 1998.（宮町良広監訳、今尾雅博・鹿嶋洋・富樫幸一訳『グローバル・シフト――変容する世界経済地

図』古今書院、二〇〇一年）九州・東アジア相互発展委員会『構造変化を踏まえた九州と東アジアの相互発展のありかたに関する調査報告書――九州と東アジアにおける技術特性に注目した相互発展方策』（一九九九年）一〇一頁。

（6）経済産業省『通商白書二〇〇一――二一世紀における対外経済政策の挑戦』（二〇〇一年）一六頁。なお、雁行形態的発展論は、赤松要（一橋大学名誉教授）が提示したものであり、産業発展の形態、経路であり、また比較優位の変化に伴う国際間の産業移転形態論である。坂田幹男『北東アジア経済論――経済交流圏の全体像』（ミネルヴァ書房、二〇〇一年）参照。

2 世界経済のパラダイムシフトと中国の「世界の工場」化
――新たな国際分業のシナリオ――

周　牧之

はじめに

SARS（新型肺炎）の猛威、イラク戦争の影響にもかかわらず、中国の経済成長率は二〇〇三年も九%を超える好景気にある。中国で二〇年も続いてきた高度成長は、減速する気配をいまだ見せていない。中国一人勝ちの印象さえ抱かれている。

中国にはいま世界中から直接投資が殺到している。二〇〇一年九月にアメリカで起こった同時多発テロ以降、世界経済の不透明さが増しているにもかかわらず、海外からの対中直接投資の勢いは衰えていない。中国はいまやアメリカと世界第一位を争う直接投資受入れ大国となった。

世界中から殺到する直接投資は中国の工業力を増大させ、中国の「世界の工場」化を推し進めている。「世界の工場」としての中国の急成長ぶりは、世界シェア一位を占める工業製品からうかがえる。たとえば、二〇〇二年に中国は、世界の粗鋼の一五％、エアコンの三〇％、オートバイの四四％、テレビの二九％、カメラの五〇％、時計の七五％、電話機の五〇％、冷蔵庫の一六％を生産した。国内需要を大きく上回るこうした生産力が、中国の輸出を押し上げている。中国の貿易総額は二〇〇三年に八五一〇億米ドルに達し、貿易依存度も五〇％を超えた。力強い輸出力に支えられ、中国の外貨準備高も急速に伸びて二〇〇三年末には四〇三三億米ドルに達した。

中国は二〇〇一年一二月、一五年もの間の困難な交渉を経て、念願のＷＴＯ（世界貿易機構）加盟[1]を果たした。ＷＴＯ（世界貿易機構）加盟によって加速する中国の「世界の工場」化は、二一世紀の世界秩序、日本の社会経済システム、そして中国自体の近代化に大きな影響を与える。

中国の急速な「世界の工場化」を認識するために、おそらく二つの視点が必要である。一つは世界のパラダイムの大きな変化がない限りは、中国という巨大な発展途上国の今日のような急速な工業化はありえないということだ。世界経済のパラダイムシフトについて検証する必要がある。もう一つは、なぜ他の国でなく中国が「世界の工場」と成りえたかについてである。これに関しては中国での、工業化のメカニズムの検証が必要だろう。

本章では世界経済のパラダイムシフトと、中国工業化のメカニズムを整理し、中国の「世界の工場」化の要因と意義、そして新たな国際分業のゆくえを検討してみる。

1　世界経済のパラダイムシフトと「世界の工場」主役の交代

(1)　情報革命とグローバリゼーション

「世界の工場」の存在を成立させたのは産業革命である。もっとも産業革命以後、「世界の工場」の主役は何度も交代した。世界の産業地図そして世界経済のパラダイムもそのつどつくり替えられた。主役交代の原因は、新しいリーディング産業の登場、あるいは新しい生産方式の登場にあった。たとえば、大量生産方式の登場は、「世界の工場」を、技能工を中心とするクラフト（craft production）生産方式のヨーロッパから、アメリカへと移転させた。大量生産方式は高い生産性と高い労働分配率を持って、国民経済をベースにした大量生産・大量消費の経済システムをつくり上げた。この大量生産・大量消費の経済システムは二〇世紀世界経済のメインパラダイムであった。

第二次大戦後、日本における大量生産方式と技能工の、双方の優位性を組み合わせた生産方式の登場は、やがて「世界の工場」をアメリカから日本へと移転させた。ただ、日本の「世界の工場」化は、大量生産・大量消費の経済システムの延長線上にあるものであり、世界経済のパラダイムシフトをもたらすものではなかった。

世界のパラダイムシフトを引き起こしたのは、情報革命である。しかもこの情報革命は九〇年代にインターネット普及で引き起こされたニューエコノミーだけでなく、七〇年代までさかのぼる。つまり発展途上国の工業化を引き起こした情報革命は七〇年代から始まっている。

一九七〇年代からまず電子産業の急速な発展があった。電子産業が新たなリーディング産業として急速に発展した。電子産業は、それまでのリーディング産業と違い、工程の地理的な分離によって一部の工程が、発展途上国に立地できるようになった。そのため、企業は安い労働力を求めて世界中に進出した。これによって東アジア発展途上国の工業化が起こった。

さらに情報技術の発展は、生産活動に必要とされる従来人間が持っていたノウハウ、技能、熟練といった情報を、ハイテク知能機械に持たせることを可能にした。こうした産業技術体系の変革を受けて、ハイテク知能機械の発展途上国への導入は、発展途上国の工業化における技術蓄積の不足や、熟練労働者の不足という従来のハードルを限りなく低くした。(2)

十数年前に中国機械工業部（省）で勤務していた筆者自身が直接かかわった上海宝山製鉄所というプロジェクトは、まさに適切な実例である。山崎豊子氏の小説『大地の子』の舞台にもなった宝山製鉄所は、日本、ドイツの設備を導入することによって建設された。最新鋭のハイテク設備の導入で、中国の鉄鋼生産技術水準、そして鉄鋼生産設備のプラント技術水準は一気に世界のトップレベルへと押し上げられた。これまで考えられなかった驚異的な工業力のキャッチアップのパターンであった。

つまり、情報革命は、発展途上国での工業生産活動の展開を容易にした。これを受けて、企業は、世界最適調達を求め、発展途上国を含む世界的なサプライ・チェーンを構築するようになった。これがいわゆるグローバリゼーションである。

この産業技術体系の変革をベースにしたグローバリゼーションこそが、今日「世界の工場」の座を、日本から東南アジアそして中国へと移しているのである。

(2) フルセットからグローバル・サプライ・チェーンへ

産業革命以後の近代的な工業活動は、従来、ごく一部の地域かつごく一部の人間にしかなしえなかった。限られた地域に築かれた自己完結的な産業集積、いわゆるフルセット型の産業集積は、国民経済という壁に硬く守られてきた。もちろん、フルセット型産業集積も、国民経済を支える役割を果たしてきた。

ある意味では、フルセット型産業集積は、国民経済を支えるのと引き換えに、国民経済はフルセット型産業集積に潜む不合理性をカバーしてきた。表裏一体で相互依存してきた国民経済とフルセット型産業集積は、二〇世紀世界経済のパラダイムを支える二つの基本コンセプトであった。

しかし、産業技術体系の変革によって、工業活動が、世界のどこでも展開できるようになった。どこでもだれでも工業生産活動を展開できるようになったいま、製造業の競争力のカギは、徹底的な効率追求にあるといえる。世界大競争の中で、効率こそが今日、工業企業生存の最大のファクターとなった。効率を追求するため、企業は、国民経済の壁に閉じ込まれたフルセット型産業集積の不合理性を乗り越えなければならない。企業は、世界最適調達を目的にグローバル・サプライ・チェーンを構築することに、あるいはグローバル・サプライ・チェーンに組み込まれることに、活路を求めざるをえなくなった。

他方、グローバル・サプライ・チェーンは、新たな産業集積を構築しはじめた。アメリカのシリコンバレー、台湾の新竹、インドのバンガロール、中国では北京の中関村と長江デルタ、珠江デルタなど多種多様な産業集積が、新たにつくられたグローバル・サプライ・チェーン型産業集積であると言える。

この情報革命をベースにしたグローバリゼーションこそが今日、世界の工業地図を塗り替えている。

2　世界経済パラダイムシフトの象徴的変化

パラダイムシフトはいくつか大きな変化を世界経済にもたらした。本章では三つの象徴的な変化を取り上げる。

(1)　世界の富の分配メカニズムの変化

パラダイムシフトはまず、世界の富の分配メカニズムを大きく変化させた。産業革命以来、世界の富の創造および分配のメカニズムは長期にわたって工業生産力をコアとしてきた。そのため一次産品の貿易条件は継続して劣化した。産業革命以来、国際貿易を通じて工業国家は世界から巨大な富を吸い上げてきた。

情報革命が工業活動の展開を容易にしたことによって、工業生産力は発展途上国にまで急速に波及しはじめた。発展途上国の工業生産活動への大規模な参入は、工業製品の富としての評価を急速に低下させた。

産業革命以降確立された工業生産力を中心とする世界の富の創造と分配のメカニズムが急速に変化しはじめた。今日では知識の創造力は工業の生産力に取って代わり、世界の富の創造と分配のメカニズムの中心となってきている。

これを受けて工業製品のデフレは世界規模で起こっている。現在、ほとんどの先進諸国が工業製品のデフレに悩まされている。

高度成長する中国においても物価水準の持続的な下落あるいはインフレなき高度成長が続いている。こうした高度成長とデフレとの関係はいままでの経済学の仮説ではなかなか説明できない。

(2) 工業労働条件の劣化

パラダイムシフトのもう一つの象徴的な変化は、工業労働条件の劣化である。先進国においては二〇世紀の半ばに頂点に達した労働者の経済力と政治力は、急速に衰退している。高い労働分配率を守ってきた国民経済の壁も、グローバリゼーションの衝撃の中で崩壊しつつある。労働条件の劣化と、そして大量の失業は先進諸国の社会構造を大きく変えている。発展途上国においても従来にない現象が起こっている。従来は工業化の進展に伴う労働者の賃金水準の向上が一般的であった。しかし今日中国での工業化の様相は変わっている。筆者の調査によると、珠江デルタ地域においては、工場労働者の実質賃金水準はこの一〇年、ほとんど上がっていない。

(3) 中国の〝世界の工場〟化

世界経済パラダイムシフトのもう一つの象徴は中国の「世界の工場」化である。

一七～一八世紀、大航海の恩恵を受けて、中国は当時の世界最大の経済大国、輸出大国の地位を築き上げた。世界の三割以上の経済力をもち、旺盛な輸出力によってヨーロッパから大量の銀を獲得した。一八世紀の繁栄によって中国の人口は一世紀で一億人から三億人へと激増した。それと反対に、メキシコ銀山開発で一時期価格革命を引き起こしたほど銀をたくさんを持っていたヨーロッパは、対中国貿易での銀の流出で財政問題まで引き起こした。対中国、インドの貿易赤字に苦しんだヨーロッパは産業革命を興し、世界経済パラダイムシフトがもたらされた。

中国は一八四〇年、最初の「世界の工場」だったイギリスにアヘン戦争で破れ、世界の最大の輸出大国、経済大国の地位から引き下ろされた。

その後、一六〇年間、中国は大変厳しい近代史を歩み、今日、ようやく工業化の成果を収めつつある。しかし今日の中国の「世界の工場」化は、かつての「世界の工場」とは異なる存在となっている。つまり今日の知識経済の時代の「世界の工場」は、工業経済時代の「世界の工場」のように世界から富を獲得することができない。世界の富の列車はすでに工業経済から、知識経済へと進んでいる。最近、一部の経済学者と世論は工業製品のデフレを中国の「世界の工場」化のせいにしている。中国脅威論も非常に盛んだ。いかにして中国の経済発展を抑制するかといった話も国際的に横行している。中国に圧力をかけて、人民元の切り上げを求め、中国の工業製品の輸出を抑えようとする動きが拡大している。

しかし、不景気を中国のせいにするのは世界のパラダイムシフトへの認識のなさの表れであり、一種の情緒的な衝動である。工業製品のデフレは世界パラダイムシフトの一つの現象であり、どんな国の政策によってでも変えようのない世界的潮流である。ただし中国の工業化プロセスはスピード、規模も他の国とは比べようもないものがある。その意味では、中国の「世界の工場」化は世界規模の工業製品のデフレを加速しているというのも事実である。

3　中国工業化のメカニズム

(1)　グローバル・サプライ・チェーンの要求

グローバル・サプライ・チェーンは企業に厳しい要求を突きつけている。これは生産の低コストだけではなく、物流の低コスト、在庫の低コスト、スピード、そして高度な専門性とフレキシブルな対応体制なども含んでいる。たとえば、世界的なサプライ・チェーン構築にあたって、在庫コストの削減も重要である。在庫コストは完成品全体のコストの三〇~四〇%を占めるからである。つまり、今日の競争のカギは、ただ単に製品の品質と価格だけにあるのではない。サプライ・チェーンが迅速かつ効率的に動くことが重要である。

企業が世界単位で、コストとスピードを競い合うようになった今日、世界競争に勝ち残る国あるいは地域は、グローバル・サプライ・チェーンの要求を満足させる多くの要素を満たさなければならない。つまり、世界競争に勝ち残る国あるいは地域には、グローバル・サプライ・チェーン型産業集積はもちろん、その活動を支える広域インフラ、そして国際的な都市機能も必要である。

国民経済とフルセット型産業集積が、二〇世紀世界経済のパラダイムを支える二つの基本コンセプトであったのに対して、大都市圏あるいはメガロポリスとグローバル・サプライ・チェーン型産業集積は、二一世紀世界経済のパラダイムを支える新しい二つの基本コンセプトと言えよう。

こうした意味では、中国の急速な発展を、ただ単に人件費が安いからだとは、説明しきれない。物流の低コスト、在庫の低コスト、スピード、そしてフレキシビリティを持ってグローバル・サプライ・チェーンに対応できた巨大なグローバル・サプライ・チェーン型産業集積の形成は、中国の「世界の工場」化を押上げた最も大きな要因だというべきであろう。さらにこうしたグローバル・サプライ・チェーン型産業集積の背後に、巨大な都市機能集積が姿を現しはじめたことは重大な意味を持つ。

結論として言えば、今日中国に大規模な工業化をもたらしたのは、巨大な新しい産業集積の形成と大規模な広域インフラの整備、そして沿海地域に出現しつつあるメガロポリスという三つの要素であると筆者は認識している。

本節では、こうした視点で中国の工業化のメカニズムについて分析してみる。

(2) 中国沿海部におけるグローバル・サプライ・チェーン型産業集積の形成

中国の長江デルタおよび珠江デルタではすでに世界最大規模の電子産業の集積が出来上がり、それはますます大きくなっていることはよく知られている。

電子産業だけではない。自動車産業においても急速に力をつけてきた。二〇〇三年は約四三〇万台の自動車が中国で生産かつ販売された。ホンダ広州という合弁会社では五年間で中国での現地部品調達率を八五%にまで持ち上げてきた。この数字は、ホンダの努力を反映していると同時に、珠江デルタの産業集積の分厚さも物語っている。分厚い産業集積がなければ、五年間で数万点にのぼる自動車部品の現地調達を実現するのはとうてい考えられない。

奇瑞汽車という中国の自動車メーカーの事例も産業集積の大きさを見せつけている。奇瑞はたった四年間で車を開発し、エンジンを自前で作り、中国部品メーカーからを部品集め、販売に至った。車を売り出してたったわずか一年で、世界のブランドカーメーカーの乱戦極まる中国市場で売り上げ高八位を獲得した。これも産業集積がものを言わせている一つの事例である。

(3) 広域インフラ整備

中国の急速な工業化を支えるもう一つの大きな要因は、グローバル・サプライ・チェーンの動きを効率よくサポートしている広域インフラの存在である。

二〇年前には近代的な産業活動を支えるインフラがほとんどなかった中国が、土地の公有制という社会主義的な要素を活かして、インフラ整備をハイスピードで進めている。

十数年前には中国国内に存在すらしなかった高速道路が、いまや二万五〇〇〇キロまで建設された。さらに港湾、空港の整備もメガロポリスを中心に急ピッチで進んでいる。たとえば日本の成田空港は、建設開始後三〇年経って、ようやく二本目の滑走路が使えるようになった。対照的に中国では四〇〇〇メーター級の滑走路を持つ大空港が多数作られている。上海浦東国際空港では二〇〇六年までに、現在一本の四〇〇〇メーター級の滑走路を四本にし、東アジアのハブ（拠点）空港にする計画がある。米国の国際航空貨物大手も最近、相次いで長江デルタ、珠江デルタにアジアセンターを開設、あるいは移転を発表している。

中国のコンテナ港の躍進ぶりも、目を見張るものがある。上海港は一九八〇年の世界一六四位から二〇〇二年に四位へ、香港港も三位から一位に踊り出た。新設の深圳港も第六位となっている。対照的に、日本では神戸港は四位から二三位に、横浜港は一三位から二一位に転落した。海運と臨海工業地帯によって輸出大国を築き上げてきた日本に、世界のトップ一〇に入る港湾が一つもない時代がやってきた。コンテナ港は工業力のバロメーターでもある。なぜならば、後背地に輸出工業力の大規模な展開がなければ、コンテナ港の成長はありえないからである。港湾と国際競争力との間には、はっきりとした相関関係がある。中国の港湾の急速な発展は、その工業力の増大を物語っている。

(4)　中国沿海部におけるメガロポリスの形成

巨大な産業インフラの出現と世界中から殺到する直接投資によって膨らんだ産業集積をテコにして、中国沿海部には、上海を中心とする長江デルタ（Yangtze River Delta）と、香港・広州を中心とする珠江デルタ（Pearl River Delta）に、複数の大都市に跨る巨大な都市空間が急速に形成されつつある。これがいわゆるメガロポリス（Megalopolis）である。

メガロポリスの出現は、世界に大規模かつ成長力のある市場を提供している。改革・開放前の中国では、その膨大な人口は、世界経済にとっては生産者としても消費者としてもあまり大きな影響力をもたなかった。

しかしこの二〇年間、中国の一部の人口は生産者としてあるいは消費者として、世界経済に影響を持つように成長してきた。こうした有効経済人口は長江デルタと、珠江デルタの二つのメガロポリスに集中している。この二つのメガロポリスは「世界の工場」となりつつあると同時に、世界で最も成長性のある大市場にもなっている。中国はすでに世界最大の家電消費市場になっている。近年、中国でのモータリゼーションも急速に進んでいる。自動車の個人保有量はすでに全国で一〇〇〇万台になっている。二〇〇三年の自動車の販売台数は四三〇万台に達し、世界第四位の自動車市場となった。二〇一〇年に一千万台の市場になる予測も出ている。

携帯電話の普及率は二〇〇三年に二〇％に達し、年間販売台数は、六〇〇〇万台を超えている。

生産財の市場においても二つのメガロポリスを中心に大きく拡大している。鉄鋼の消費量は世界一となり、二〇〇三年一一月までの粗鋼生産量はすでに二億トンを突破した。海外からも大量に鋼材を輸入している。中国の旺盛な鉄鋼需要に支えられ、最近の日本の鉄鋼メーカーの稼働率も非常に伸びている。

国際エネルギー機関（ＩＥＡ）の発表によると、中国原油の消費量は二〇〇四年に日本を上回り、アメリカに次ぐ第二位の市場となる。

プラスチックにおいても世界で最も成長する市場となった。

さらにメガロポリスは中国の「世界の工場」化のために、効率よい社会環境を提供している。既得利益の束縛があまりない中国では、グローバル・サプライ・チェーンのさまざまな要求に対応することのメガロポリスこそ、中国の「世界の工場」化を支えているのである。

すなわち、中国における製造業の躍進を可能にしたのは、まさにグローバル・サプライ・チェーン型産業集積の形成と、沿海地域における複数の大都市に跨る巨大な都市空間、つまりメガロポリスの登場である。雛型を現しはじめたメガロポリスは、巨大な産業集積、都市集積、そして国際物流と交流のハブ機能等を提供し、中国の急速な工業化を支えてきた。

筆者は、数年間にわたって、上海を中心とする長江デルタ、香港・広州を中心とする珠江デルタにおいて、企業のヒアリング調査を実施してきた。その結果、企業の成長を支えた最大のファクターは、長江デルタ、珠江デルタに急速に形成された巨大な産業集積と都市集積であることが明らかになった。ヒアリング調査対象のほとんどの企業は、部品、人材、技術が周辺から調達できることと、国際空港、港湾などの広域インフラを効率良く利用できることを、長江デルタ、珠江デルタに立地する最大のメリットとして挙げた。

中国は、いまやメガロポリス時代に突入した。

(5) 新たな担い手の登場

海外の投資家から見ると中国のメガロポリスはいま、直接投資先として魅力のある消費市場とも、生産基地ともなっている。

しかも中国経済成長の担い手は海外からの直接投資だけではない。民営企業も大きな担い手として登場してきた。

浙江省寧波市では二〇〇三年に、一兆円級プロジェクトが二つ動き出した。上海と寧波の間に広がる杭州湾にかかる世界最長の大橋の建設と、寧波の港における大型製鉄所建設だ。話題を呼んだのは、二つの巨大なプロジェクトがいずれも国有資本でもなく外国資本でもない、民営資本による投資でスタートしたことにある。この二つのプロジェクトとも中央政府が二〇年かけて金策を練ってとうとう実現できなかった国家級プロジェクトである。これが地方の民営企業家によって、実現されることは、時代の変化の象徴的な出来事だといえるだろう。

民営企業にまつわるもう一つの事例を挙げる。広東省広州市の南に位置する順徳市は電子レンジ、冷蔵庫、エアコンなどの世界最大シェアを持つ民営企業がいくつも存在する。

新しい担い手、民営企業の台頭の持つ意味は大きい。中国の経済を支えうる民営産業資本は本格成長期に入ってきた。ひとつの企業が世界のどこの家にもあるような電化製品の半分以上のシェアを持つことは非常に画期的である。かつこうした企業が一つの街に集中していくつもできている、これは何を意味するのだろうか。情報革命がもたらしたOEM、EMSなどの新しいビジネスモデルの世界的展開がもたらした側面が非常に大きいと思われる。メガロポリスは外資企業だけでなく中国の民営企業にも神話を作ることのできる効率よい空間を提供している。

同じ中国でも地域によって経済成長の担い手がかなり違ってきている。例えば、江蘇省蘇州市は外資企業の中国直接投資の受け皿となっている。外資の進出で伸びている都市の代表である。それと対照的に浙江省は民間資本を中心に発展してきた。さまざまな発展のパターンがあるという事実が、中国の工業化の奥の深さ、多様性を物語っている。

4　中国近代化プロセスにおける都市化の位置づけ

中国沿海部には、上海を中心とする長江デルタ・メガロポリスと、香港・広州を中心とする珠江デルタ・メガロポリスが急速に形成されつつある。

しかし、メガロポリスの出現は、中国の約一六〇年間の近代化プロセスにおいては、きわめて最近の出来事である。むしろいままでの都市化の立ち遅れは、中国近代化において数多くの大問題を残してきた。中国におけるメガロポリス出現の歴史的な意味を理解するために、中国近代化の歴史を簡単に振り返ってみる。

(1) 洋務運動の限界

中国での近代化の動きは、一八六〇年代から始まった洋務運動に見られるように、ある意味で日本よりも先行していた。洋務運動とは、阿片戦争の後、西洋の技術を積極的に取り入れて近代化を進めようとする中国の有識者の間で始まった運動である。特に西洋の武器・弾薬・船舶の国産化を図ろうとするものであった。中国近代化の動きはまず軍事工業から始まった。しかし洋務運動は、農村を中心にした既存社会秩序を維持したままでの工業化であった。洋務運動は、軍事工業化に限られ、大規模な人口移動を伴う都市化や社会全般の近代化をむしろ制約するものであった。言いかえれば、洋務運動の目的は、むしろ既存の農業社会秩序を維持するための体力づくりであった。既存の農業社会秩序の維持と、近代社会をつくり出す工業化、都市化との関係は、文明の衝突ともいうべきものであった。

こうした既存の社会秩序維持へのこだわりは、その後、常に大きな力となって中国近代化の歴史を揺さぶってきた。

洋務運動という事実上軍事工業に限られた近代化プロセスの限界が、のちの日清戦争における中国の敗北によって、証明されることとなった。

(2) 新生中国の工業化の第一段階（一九四九〜七八年）――都市なき重化学工業化――

一九四九年に中華人民共和国が建国した。それから半世紀の間、中国政府は工業化に大きなエネルギーを注いできた。その第一段階は一九四九年から七八年までの重化学工業化時代である。戦争がいつでも起こりうる緊迫した当時の国際情勢の中で、工業力、特に軍事力を急速に高める必要に迫られた中国は、軍事産業を中心とする重化学工業の立ち上げに全力をあげた。

重化学産業は、資本集約的かつ利潤率の低い産業であり、また規模の経済性の大きい産業である。工業化は本来、資本集約度がより低く、利潤率がより高い消費財産業から始まる。その消費財産業から得られた利潤と需要をもって重化学産業を興すのが一般的なアプローチである。しかし中国の当時の重化学工業化政策は、むしろ消費財産業を抑え、重化学工業を重点的に発展させるものであった。消費財産業の未発達は、重化学産業の需要を軍需に限定させた。限定的な需要相手では、重化学工業化の効率はきわめて低くなるため、そこから得られた利益は重化学工業化自身の拡大再生産を満たすことができなかった。つまり、工業力のストックの増大を最優先したことで、経営採算を度外視する政策を続けてきた結果、重化学工業化に、自律的な拡大再生産ができない体質を招いたことである。

さらに、米国、次いでソ連との対立で国外からの資金調達ができなかった。「自力更生」政策のもとで、当時の中国政府は重化学工業化を推し進めるための資金の出所を、農村に求めた。農民のつくる農産品物の値段は安く抑えられ、個人の自由度のない集団農業形態である人民公社をつくって、農村の経済を徹底管理し、農村から吸い上げた資金と物資を工業化に投入するしくみをつくった。その意味では、中国の重化学工業化は農村に支えられていた。

この急進的な重化学工業化を進めるにあたり、中国政府はアンチ都市化政策をとってきた。すなわち、中国政府は、都市人口を最小限にし、かつ戸籍制度を持って農村人口と都市人口を隔離させる政策をとった。しかしこのアンチ都市化政策によってもたらされた都市基盤整備の遅れは、重化学工業化コストの増大を招いた。工業生産には、インフラ整備、産業集積、都市機能等が必要である。さらに工業生産を担う労働力も当然生活インフラとサービス産業を必要とする。その意味では工業経済は都市経済である。

本来、工業化は都市化を伴って発展するものであるが、中国の重化学工業化は都市化を伴わなかった。都市部人口は政府関連職員や工場労働者とその家族、および彼らの生活を支えるサービス業労働者など最小限に抑えられ、農村部から都市部への人口流出は厳しく制限されていた。戸籍制度を中心とする人口移動抑制政策によって基本的に中国の人々は、農村住民と都市住民という二つの集団に分けられていた。また重化学工業は労働集約型ではないため大幅な雇用拡大にはつながらなかった。働き口のない都市住民は、工業化に回す資金作りの担い手となるべく、下放という形で農村に送り込まれた。都市インフラ整備の要求や産業の都市部での集積を無視した工業化はきわめて非効率である。

中国政府は当時、このことが理解できていなかった。国営企業は従業員の生活を丸抱えしていた。国営企業で働く労働者とその家族に、企業の敷地内で住居、病院、商店、学校にいたるもろもろの生活保障を与え、それが重化学工業化のコスト高の大きな原因となっていた。

さらに冷戦情勢と中ソ対立に対応するために中国は一九六五年から、自国の沿海部が戦場になったときに備えて内陸部に工場や研究機関などの工業機能を移転させるいわゆる「三線建設」(3)を展開した。「三線建設」とは、国土を戦場となる可能性の高い第一線地域、兵站を担う後方となる第三地域、さらに両地域の間の第二線地域とに分けて、第一線地域の東部沿海地域から内陸奥地の第三線地域へ工業生産力を移転させるものである。第三線地域の範囲は、重慶市、四川省、貴州省、雲南省、甘粛省の五省市（直轄市）、そして河南、河北、湖南という三つの省の西部から成り、その面積は中国国土の約四分の一に相当する二三六万平方キロメートルに達した。

一九六五～八〇年の「三線建設」期間中に、中央政府は、合計一三〇〇億元を投資した。これは同時期における中国の設備投資とインフラ投資総額の四〇％にも値した。その結果七五年には中国工業固定資産額に占める三線地域の割合は三五％にまで上昇し、内陸の中国経済に占める重要度は急速に高められた。「三線建設」は、四川省奥地の大型鉄鋼一貫製鉄所建設をはじめ、内陸の三線地域に二〇〇〇カ所にも上る大中型工業企業（六〇〇カ所の大型工業企業を含む）と科学技術機関をつくり上げた。「三線建設」による大規模な工業機能移転は、内陸部に近代工業基盤を植え付けるきっかけとはなったものの、大都市圏から離れ、都市基盤、交通基盤、産業基盤もほとんどない内陸部への工業機能の分散立地は、重化学工業化を一層非効率なものにしたのである。

戦争危機に備えるための内陸部への工業移転が、産業集積の形成、規模の経済性、都市機能の享受、輸送コストなど外部経済を無視する形で行われた結果、山地に分散して立地された大半の三線企業は、改革・開放後、市場経済の中で急速に凋落した。

もっともこの間の中国の重化学工業化は猛烈な勢いで進展した。一九七八年までにはその工業力のストックは世界第六位に達し、一介の農業国が一定の工業化を成し遂げたことを示している。問題は、政府主導の都市化なき重化学工業化が全般的にコスト高に偏っていたことに集約されるだろう。しかもこのコストは農民が払わされた。七八年当時は、工業力の整備という国家目標はそれなりに達成されたものの、それまでの資金供給源だった農村経済がもはや崩壊寸前にまで疲弊した。鄧小平が登場して改革・開放政策に踏みきったのは、この時期であった。

(3) 新生中国の工業化の第二段階（一九七八年〜）——農村の工業化とその功罪——

重化学工業化の行き詰まりは誰もが認識していた。しかし、中国政府は当時、都市化政策に踏み込むことが出来なかった。なぜならば、中国社会は、すでに農村住民と都市住民という二つの利益集団に分断されていたからである。

前述したとおり農村部は重化学工業化を支える役割を課せられた。そのために、中国政府は、支えられる都市と支える農村との分離を固定化する政策をとってきた。その政策は、戸籍制度、住宅制度、食糧供給制度、燃料供給制度、教育制度、医療制度、就業制度など十数の具体的な制度から成った。こうした制度の下で、農村住民は、都市への移動が制約されると同時に、その社会保障および社会福祉も都市住民よりはるかに低い水準に抑えられた。人口のごく一部を占める都市住民だけが社会主義の恩恵を受けているのに対して、人口の大半を占める農民は、移動の自由、職業選択の自由を制限され、教育や社会福祉の恩恵を受ける機会も十分でない状態におかれていた。

農村人口が一挙に都市に殺到することを恐れたために、中国政府が国策として打ち出したのが、工業化の世界史の中でも例を見ない「農村工業化」政策であった。「農村工業化」政策とは、農民集団によって起こされた郷鎮企業をコアとする工業化政策である。政策の狙いは、農民が農業から工業へと職を移しても、地元から離れないことであった。

つくれば何でも売れる深刻な物不足の中で、郷鎮企業は、八〇年代初頭から猛成長を遂げた。一九九五年のピーク時には二四六〇万社にも達し、その就業者は農村労働人口の三〇％に相当する一億二六〇〇万人にも及んだ。その工業生産高、従業者数とも国有企業を超え、中国の工業生産力の半分を担うまでに発展した。

しかし市場における工業製品供給力が不足から過剰へと転じた後、都市基盤、産業集積を持たない郷鎮企業は急速に凋落しはじめた。郷鎮企業は、多くの農村地帯において、ひどい環境汚染と巨額な債務を残したまま消え去っていった。

(4)「小城鎮」政策の登場

都市基盤の欠如が郷鎮企業凋落の原因であると認識しはじめた中国政府は数年前に、中小都市、中国流で言えば「小城鎮」を中心とする都市化政策を打ち出した。中国政府は、この政策を持って農村工業化路線を継続させようとした。しかし、生活基盤も産業基盤も脆弱な中小都市に過度に傾斜する「小城鎮」政策は、すぐに大きな限界にぶつかった。それは都市発展を牽引する産業が中小都市でなかなか育っていかないからである。郷鎮企業の不振は農村地帯で中小都市を形成するエンジンを失うことも意味する。結局、郷鎮企業は、長江デルタ、珠江デルタ等の大都市圏やメガロポリスが急速に形成されている地域で持続的な発展を遂げているのに対して、大都市圏やメガロポリスから離れた地域では急速に失速している。さらに、後者の地域で成功を収めた郷鎮企業も、近年長江デルタ、珠江デルタ等の大都市圏に移転しはじめている。

「小城鎮」政策は、郷鎮企業というエンジンを失ったいまや、空転している。もちろん、「小城鎮」政策は、郷鎮企業凋落の勢いに歯止めを掛けて農村工業化路線を継続させようとする政策目標を達成できなかった。

(5) メガロポリスの時代

中国では、中小都市を都市化モデルにしようとする考え方が根強くある。都市化政策に携わる中国の学者、官僚のなかには、中国の都市化はヨーロッパ中小都市をモデルとすべきだと、主張する人が実に多い。

確かに、産業革命時代に、中小都市を中心とする都市化モデルは、ヨーロッパのいくつかの地区で確認することができる。都市部への人口流入も当時は、周りの農村部からが大半を占めた。しかし二〇世紀以降、世界各地で起こってきた都市化プロセスは、大都市集中のケースが圧倒的に多くなった。都市部への人口流入も全国から一気になだれ込む傾向を強めた。二〇世紀都市経済の中身である現代産業の集積の力が、一段と強くなったからである。

さらに、工業化の後発国にとっては効率が非常に大事である。先進国が数百年かけて歩んできた道を、後発国は短期間で走り抜けなければならない。キャッチアップ型工業化はキャッチアップ型都市化を求めている。キャッチアップ型都市化が効率を最優先にした結果、二〇世紀に入った後に都市化を経験した国々は巨大都市空間に人口、産業を集中する傾向が強まった。

その結果、二〇〇〇年を越える近代都市化のプロセスは、都市化、大都市化、ひいてはメガロポリス化という道を歩んできた。都市集積の規模は、次第に大きくなってきたのである。なぜならば都市空間の集積規模は、都市経済の効率に大きな影響を与えるからである。大都市病を効果的に防ぐことができれば、都市空間が大きくなればなるほど、都市に産業と人口を集積する能力も大きくなり、効率も高くなるからである。もちろん大都市空間への人口、産業の急速な集中は、国土の不均衡発展、過疎・過密等の大きな問題も引き起こした。

これまで中国政府が打ち出した重化学工業化政策、農村工業化政策、中小都市を中心とする都市化政策（小城鎮政策）は、こうした大都市への人口、産業の集中の必然性を認識できなかった。産業立地および人口移動の自由が制約されたこうした政策の時代に、大都市の発展は極端に抑えられてきた。

一九九〇年代以後、海外直接投資を中心に、産業立地の自由化が進められてきた。その結果、大都市における産業集積は急速に膨らんできた。沿海部におけるグローバル・サプライ・チェーン型産業集積の急速な発展は、大規模な人口移動を誘発した。農村からの出稼ぎ労働者も大量に沿海部の大都市へと押し掛けはじめた。しかし中小都市に固持した中国の都市化政策は、こうした事態を直視できないままでいる。政策、制度の支援と対応のないまま、巨大な都市空間は長江デルタ、珠江デルタにおいて、急速に膨張している。多くの社会的、経済的な矛盾と問題も膨張する大都市から噴出している。

中国の近代化政策の一環として、産業、人口が急速に大都市、そしてメガロポリスへ集約していることを視野に入れた包括的都市化政策を打ち出すことに、中国政府は早急に取り込むべきである。

空間的な発想をとれば、国際競争の基本単位は今日、企業ではなく、国家でもなく、都市圏である。なぜなら、企業の多国籍化、無国籍化は急速に進み、工場、研究拠点、企業の本部でさえ、世界中に移動しているからである。さらに、国民国家という枠に閉じ込められてきた人間のモビリティも急速に高められてきた。豊かな才能を持つ人々は、国境を超えて世界中によりよい自己実現の場所を求めている。こうした企業経済活動や人間の自己実現活動を受け止める場所は、都市、そして国際交流機能を持つ大都市圏である。その意味では、大都市圏こそ二一世紀の国際競争力の原点となる。二一世紀の世界の競争と交流の基本単位は、都市、そして国際交流機能を持つ大都市圏である。そして複数の大都市圏を有機的に結合することよって形成されたメガロポリスは、情報革命に促進されるグローバリゼーションの波に乗った企業や、個人が活躍する格好の空間となる。

中国はいま、都市発展の究極な形態であるメガロポリスの形成に、真正面から取り組まなければならない。しかしながら、メガロポリスの形成は容易ではない。中国におけるメガロポリスの形成は、巨大規模かつ高人口密度の都市社会の形成を意味する。長江デルタと珠江デルタの両メガロポリスとも、将来二~三億人口の巨大都市連担空間になる。その巨大都市空間の人口密度はとてつもなく高いものになろう。長江デルタ、珠江デルタにおける人口密度はすでにきわめて高い。さらに、農村から都市部への本格的な人口移動の幕を開けたばかりの中国では、都市部への人口移動の圧力は非常に高い。この人口移動の巨大なエネルギーはだれにも止められない。

中国のメガロポリスの形成プロセスは、スピード、スケール、スタイルとも、人類社会でかつて経験したことのないものとなる。大規模、高密度の都市空間を、また多様性そして寛容性のある都市社会をいかにして構築していくのかが、二一世紀の中国にとっては最大の課題と言えよう。

5　情報革命と国際分業の新たなシナリオ

(1)　接触の経済性とメガロポリスの役割

二〇〇年余りの近代都市化のプロセスにおいて、都市を支える経済エンジンは実に目まぐるしく変化してきた。

工業社会から情報社会へ急速にシフトしている現在、情報革命が都市のあり方をどのように変えていくのかを見つめることはきわめて重要である。それについて、一つの仮説がある。それは情報化が進むと、人々は煩わしい大都市から離れ、田園牧歌の生活を楽しみながら、情報社会における高い生産性を実現できるという仮説である。この仮説では、情報経済における大都市の役割と必然性はかなり薄まるという。大都市病、あるいは大都市への産業と人口の集中によってもたらされた国土の不均衡発展に苦しむ人々は、ＩＴという情報の空間克服技術の発展に大いに期待し、このような仮説が生まれた。

しかし、実態はこの仮説と反対の方向に進展している。情報社会における大都市の役割は薄まるどころか、強まる一方である。産業と人口を大都市へ集中させる力は、工業社会より情報社会のほうが格段に強くなっている。日本を事例に見ると、工業経済の中で、産業と人口が東京、名古屋、大阪といった三つの大都市圏へと集中していたのに対して、情報経済に突入した昨今は、東京一極集中が強まり、名古屋、大阪という二つの大都市圏さえ衰退しはじめた。

なぜこのような事態が発生したのか？　それに答えるために情報経済の本質を探らなければならない。情報経済の根本は、人間という情報のキャリアである。情報キャリアである人間が情報交換や議論の中で知の生産と情報の判断を行うことが情報経済の本質である。その意味では効率的な情報交換と議論は情報経済の生産性の決め手となる。

しかし、人間の持つ情報は二種類ある。一つは形式化・数値化・言語化することによって公開できるものである。もう一つは形式化・数値化・言語化することができないもの、あるいは人の信頼関係によってしか流れないものである。前者と比べて後者のほうがもっと重要である。その意味では、情報の空間克服技術であるＩＴのみに頼る人間同士の情報交換や議論は不完全である。つまり、ＩＴを通じて外に出せる情報と出せない情報を人間は持っている。外に出せる情報は情報革命によって、毎秒三〇万キロのスピードで世界を駆け巡っている。その情報は、外に出せない情報における人と人との接触を増やしている。

以上の分析に基づいて、工業社会では「規模の経済性」という原理が働くのに対して、情報社会では「接触の経済性」という原理が働くと言えよう。情報経済の生産性において、接触の多様性、意外性、そしてスピードは非常に重要である。情報の均一性を重んじる工業経済とは対照的に、知の生産においては同質の情報しか持たない人間同士の接触より、異質の情報キャリア間の接触のほうが重要である。情報キャリアの多様性と接触の意外性、そして接触のスピードは情報経済の生産性の決め手となる。その意味では、情報経済はまさに交流の経済である。

多種多様な情報キャリアが往来あるいは生活している大都市は、接触の多様性、意外性、そしてスピード性を実現できる格好の空間である。ゆえに、情報社会における大都市の役割はますます増えている。情報経済における大競争に勝ち残った大都市への経済と人口の集約は、進んでいくであろう。こうしたプロセスの中で、高度な国際交流機能を持ち、複数の大都市に跨るメガロポリスの存在はさらに大きくなるだろう。

フランスの地理学者ゴットマン（J. Cottman）は、一九六一年に出版した『メガロポリス』という著書の中で、初めてメガロポリスという概念を用いた。当時、ゴットマンは米国東海岸の五つの大都市連担をメガロポリスとした。ゴットマンは、メガロポリスを都市化の最高到達点とし、文明の実験室であると考えた。しかし、ゴットマンはその著書の中で、メガロポリスの一般的な定義をしていなかった。

情報革命、そしてグローバリゼーションの要請を受けて変貌してきたメガロポリスの中身は、当時のゴットマンの観察対象とはすでに大きく異なってきた。今日、メガロポリスの基本概念を、複数の大都市圏に跨る、密接に関連し合う都市空間であると認識することができる。この巨大な都市空間には、複数の大都市圏と中小都市が存在し、大量かつ高速の輸送交通軸によって結ばれる。工業経済社会におけるメガロポリス・パワーは複合的な産業集積が存在していることに大きく依存していた。しかし、情報革命を受けて世界経済の基軸が工業経済社会から知識経済社会へと急速に変貌している今日、メガロポリス・パワーの新たな源泉は、高度な国際交流の機能を軸に、世界的な交流経済の巨大な拠点空間を提供することにある。

産業革命によって始まった近代都市化プロセスの二〇〇年余りの歴史において、現在、われわれが見ることができる最高の都市形態はメガロポリスであると言っても過言ではない。メガロポリスは、巨大な日常生活圏の成立を意味しているわけではない。メガロポリスは、一日で往復ができ、その間、打ち合わせや商談ができる業務圏である。メガロポリスの持つ高度な国際交流機能は、各都市に、交流経済がもたらす新しい活力を与える。

複合的な産業集積と、高度な国際交流機能を持つメガロポリスは、一国経済にはもちろん、世界経済にも非常に大きな影響力を持ちうる。二一世紀世界の政治経済の枠組みは、こうしたメガロポリスの競争と連携によって決められると言えよう。

(2) 日本の課題

中国の「世界の工場」としての登場は、二一世紀の日本のあり方にも大きな課題を突きつけている。日本の製造業はいま、中国の製造業との厳しい価格競争、スピード競争にさらされている。その背後には日本と中国の大都市圏間の国際競争がある。

グローバリゼーションの進展とバブル経済崩壊の時期とが重なったために、一九九〇年代以降、日

図2-1　21世紀中国のメガロポリスと国土軸

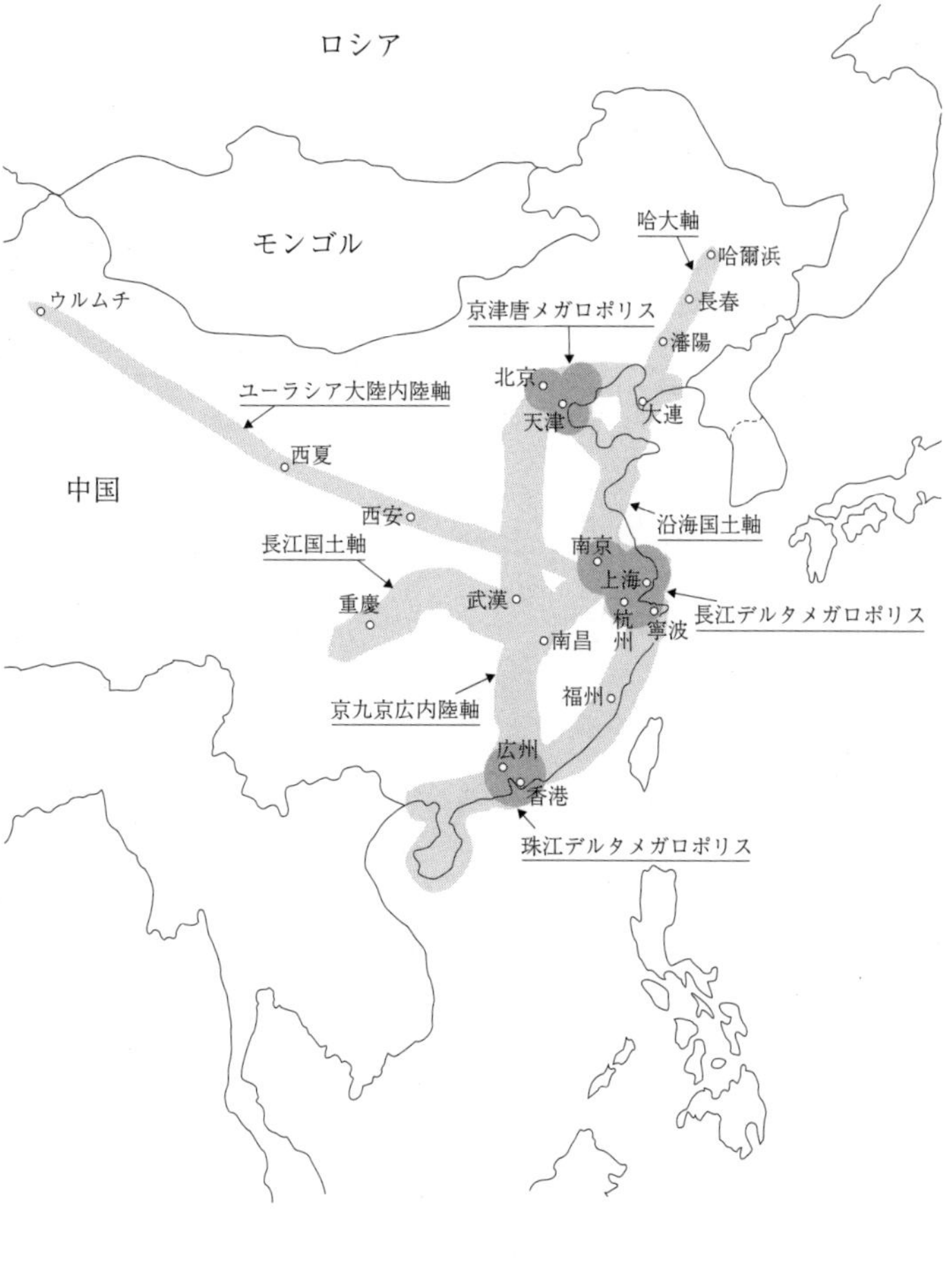

本経済の進路に関する政策議論は、バブル崩壊の後処理に集中しすぎた。グローバリゼーションが起こした世界的な構造変化への対応を日本は怠ってしまった。日本は産業のあり方、企業のあり方、そして大都市圏政策を再考し、情報革命とグローバリゼーションへの対応を早急に図る必要がある。

(3) アジア式経済発展モデルの再考と新たな分業関係の構築

戦後、日本をはじめ、NIES、そして中国などアジアの国々は、工業化において大きな成功を収めてきた。しかし、アジア式の成功は、ものづくり型の成功の側面が非常に強い。ものづくり以外の部分は米国にかなり依存してきたことは否定できない。しかし世界経済のパラダイムシフトによって、知識、コンテンツの生産に対するニーズは高まってきた。知識、コンテンツの生産に対する評価も、ものづくりよりはるかに高くなっている。つまり、世界の富の分配は、すでにものづくりから、知識、コンテンツの生産へとシフトしている。たとえば、近年、世界中を魅了した物語「ハリー・ポッター」の経済効果、富のつくり方などは、工業経済はもちろん、マイクロソフトに代表されるIT経済をもしのぐ勢いであった。

アジアのメガロポリスは新しい役割が求められている。アジアのメガロポリスが世界中の英知を集めて、交流の経済、交易の経済、そして創造の経済をつくり出すことができるかどうかが、二一世紀、アジア諸国がものづくり型の成功を超えられるかどうかの最も大きなファクターである。

工業発展を出発点とするアジアのメガロポリスが、いかにして、さらに高度な機能を身につけることができるのか。これがメガロポリス自身だけでなく、アジア全体の未来を左右する。そのために、メガロポリスには、交流の経済、交易の経済、創造の経済を支えるフィジカルな機能はもちろん、世界中の人たちが活躍できるような寛容性、多様性をも備えなければならない。いままさにアジア式の経済発展モデルを再考し、新たな国際分業のシナリオを構築する時期が来たのである。東アジアのFTA、そして経済統合は、国民経済の壁を破り、グローバル・サプライ・チェーンそして知識経済の発展にとって望ましい環境をつくり出すことが期待されている。二一世紀のアジアの大都市、そしてメガロポリスが、世界の工業生産基地としてだけではなく、知識経済の生産基地としても大いに力を発揮する時代のやってくることが、待ち望まれている。

注

（1）一九四七年GATT（関税と貿易に関する一般協定）の発足にあたって、国民党政権の中華民国は二三の設立国の一つであった。国民党政権が共産党に敗北し、台湾に逃れた後、一九五〇年三月にGATTから脱退を宣言した。一九八六年七月に、中国はGATT事務局に契約国としての地位の回復を申請した。一九九五年一月にWTOが発足した。二〇〇一年一二月に中国は一五年に及ぶ困難な交渉を経て念願のWTO加盟を果した。

（2）電子産業および情報技術の発展が、いかにして産業技術体系を変革し、発展途上国の工業化における技術蓄積の不足や、熟練労働者の不足という従来のハードルを限りなく低くしたかについて詳しくは、周牧之『メカトロニクス革命と新国際分業』（ミネルヴァ書房、一九九七年）を参照。

（3）「三線建設」は中ソ対立の激化の中、一九六四年に毛沢東主席が示した戦略である。

3 グローバルな産業連携と韓国経済の構造転換

張　秉煥

はじめに

一九九七年末ＩＭＦの緊急支援を受けて経済再建に取り組んできている韓国は、当初の流動性危機は遠のいたが、ここにきて雇用不安と実物経済は悪化へ反転している。たとえば、倒産増加やリストラ進行で雇用不安がつづき、とりわけ若者の就職難は厳しさを増しており、社会不安も広がりはじめている。韓国経済におけるＩＭＦ通貨危機は、一九八〇年代から九〇年代までの韓国経済の変遷を俯瞰的に捉えるべきであり、その原因は複雑に絡み合っている。つまり、開発国家論に基づく従来の政府主導型経済運営システムの限界、産業政策の有効性の制約、金融部門における健全性の悪化、大企業集団による過重な投資および事業の多角化による財務構造の脆弱化などが指摘されてきた。韓国政府はＩＭＦの改革プログラムに沿っていわゆる構造改革を進め、二〇〇一年八月「ＩＭＦから受けた緊急融資を繰り上げ返済し、三年八カ月ぶりにＩＭＦ管理体制から完全に卒業した」と宣言するに至った。

ところで、経済危機発生直後には各界、国民の団結が見られたが、最近は意見の対立が目立ちはじめている。政府・財界・労働者の三者間の対立だけでなく、所得格差も広がり所得階層間の意見の違いも目立っており、とりわけ、二〇〇二年大統領選挙後、政治不安や社会葛藤はおさまらず拡大される一方である。なお、ＩＭＦ通貨危機の近因でもあったと指摘される構造的危機論、つまり「韓国は日本と中国に挟み撃ちにあい、韓国経済は崩壊する」という見方さえ再浮上している。

本稿では、このように大きな転換を迎えている韓国経済におけるグローバルな産業連携への取り組み、輸出主導型高度成長モデルの変容および産業の空洞化現象について考察する。本稿の構成は次のとおりである。まず第1節では、国際生産ネットワークとグローバルな産業連携の形成、その深化および重層化現象について概観する。第2節では、韓国経済における輸出の経済的役割や輸出構造の変遷、そして部品・素材産業におけるグローバルな産業連携について検討する。第3節では、海外直接投資の増加のようなグローバル連携の加速化と製造業における空洞化現象について分析する。

1　グローバルな産業連携の形成と構造

(1) ネットワーク型生産モードと産業連携への視点

ＩＴ革命は、ビジネスのスピード、低コストおよび広範囲のコミュニケーションを可能にするインターネットの広範な普及により、従来の市場経済システムのあり方、そして社会全体に多大なインパクトを及ぼしてきている。特に、アジア経済に高成長をもたらした要因として指摘されてきた人的資本への持続的投資や比較的平等な水準の所得分布は、インターネットの普及とともに知識経済化への展開においてもアジア諸国に有利に働くであろう。さらにＩＴ革命はあらゆる取引のメカニズム、スピードおよび範囲を高度化し、情報を瞬時に伝達・再生産することにより、資源配分の効率性を大幅に改善すると考えられる。これらの要因によりアジア経済のファンダメンタルズの強さ、潜在力を一層有効に活用することが可能となるであろう。なお、こうしたデジタル技術の画期的な進歩や実社会への展開は、知識の迅速かつ低コストでの移転を可能とするものであり、発展途上国がいわゆる「後発性の利益」を活かし、先進国にキャッチアップすることをより容易にすると考えられる。

一九七〇年代フォーディズムの終焉後、一九八〇年代以降は新たな生産システムとしての国際生産ネットワーク、つまりＩＰＮ（International Production Network）が急速に拡張してきており、今後は一層加速化していくだろうと予測されるなか、量的な膨張はもちろん、質的な発展も見逃せない。つまり、自国内における自己完結的経営だけでは日々複雑化するグローバル競争へ対応しきれなくなり、従来の価値連鎖を分離し、機能別に専門化するようになりつつある。いわゆる「フラグメンテー

図3－1　グローバルな産業連携へのアプローチ

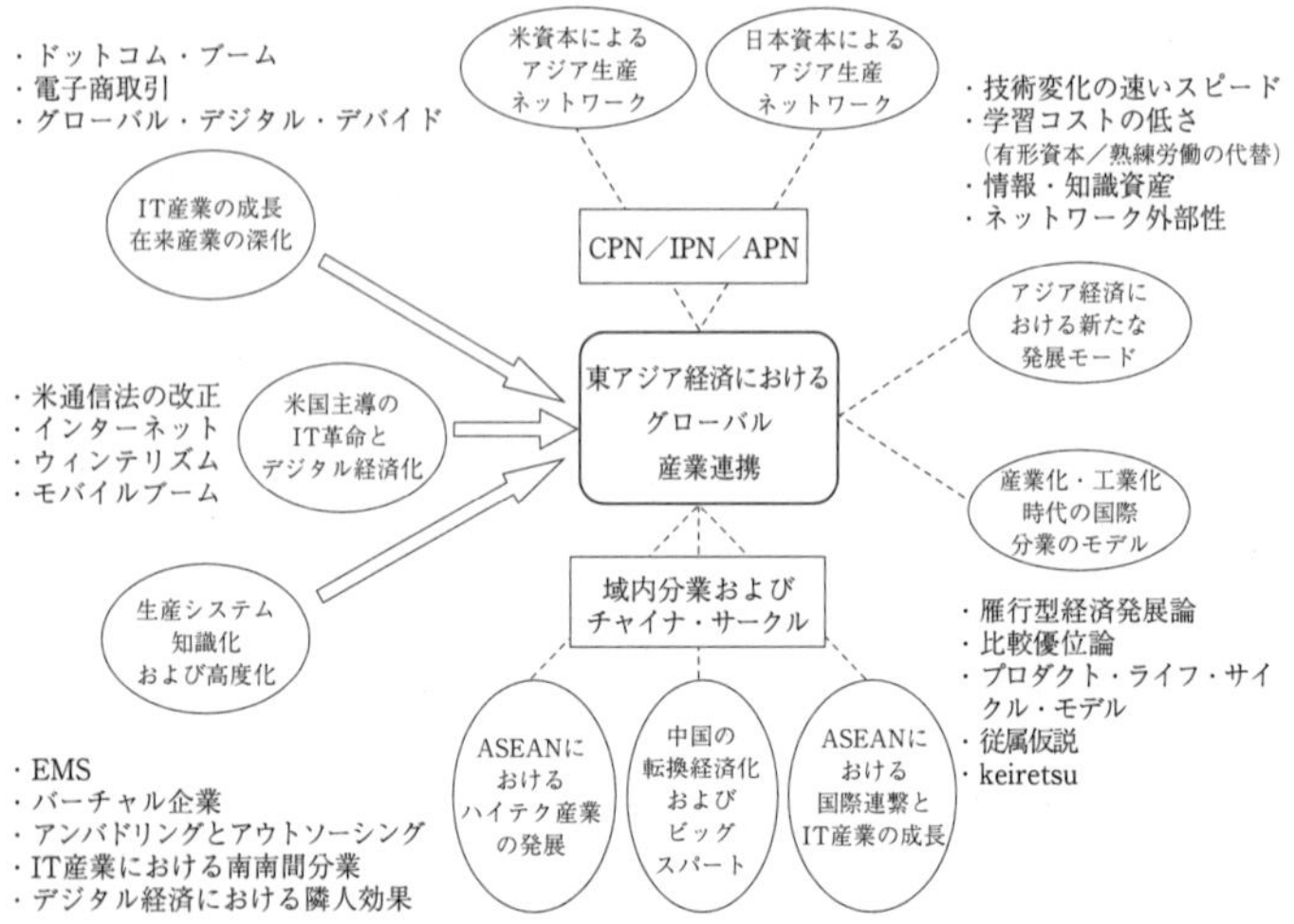

出所：筆者作成。

ション」（fragmentation）による機能別国際分業システムの台頭である。

こうした新たな国際生産ネットワークの経済的動因としては次の三点を挙げられるであろう。第一に、取引コストの低減ないし低廉化である。すなわち、地理的分散が資源のコントロール等に対するガバナンス構造を脆弱なものにし兼ねない懸念を払拭することができた。また、空間的な隔離がバリュー・チェーンの混乱を招来し、膨大な調整コストを余儀なくされるかもしれないとの不確実性が取り払われるようになっている。第二に、専門化された生産能力のクラスター化や急成長する市場へのアクセスが一層容易になりつつある。第三に、急変する技術進歩やマーケット環境への敏速な対応のためのスピード・アップのニーズが高まってきている。つまり、経済環境の変化は過去独立された国家単位の生産システムをグローバルな規模で機能的に統合する新たな生産システムを生み出している。これがグローバル化であり、また「国際生産ネットワーク」である。特に、電子産業ないしIT産業における歴史的に前例のない速いスピードで展開されている技術進歩は「両刃の剣」のようで、技術進歩の経路や先発者の利益を解体する均等化要因を果たしている一方、速い技術進歩は関連産業に参入障壁を生み出す効果もある。

本稿でグローバルな産業連携に対する一つの分析ツールとして提起する国際生産ネットワークの視点は次の四つである。①関連企業の特化機能がバリュー・チェーン上のどの段階に位置づけられるか。②アウトソーシングへの依存度および企業内部の生産ネットワークに対する企業間生産ネットワークの重要性、③生産ネットワークとかかわる取引へのコントロールが中央集中的かあるいは分散的なのか、④国際生産ネットワークの諸要素がどのように結びついているか、などである。こうした視点を踏まえると、本稿におけるグローバルな産業連携へのアプローチは図3－1のようにまとめられるであろう。

(2) 知識経済化とグローバルな産業連携の形成

今日、東アジア諸国における経済変化は世界中その類例のないほど劇的なものがある。世界経済をリードしてきた日本経済は、「失われた一〇年」といわれる長期にわたる閉塞状態から脱皮しておらず、再生に向けてその地盤を固めている。発展途上国における経済成長の手本であった台湾・香港・韓国経済の先行きの不透明さも浮き彫りになっている。

東アジア諸国の経済成長のパターンについて、資本と労働という資源を大規模に投入することにより高成長を遂げ、マクロ的にみた生産効率の向上、つまり全要素生産性（ＴＦＴ：Total Factor Productivity）の上昇は経済成長にそれほど貢献しておらず、こうした投入依存型の経済成長パターンによる高成長は持続しないと指摘されてきている。しかし、先進国を中心に知識型経済への転換が急がれている一方で、東アジア、特に中国は技術革新と豊富な労働力を梃子にして一気にキャッチアップする勢いで産業化に拍車をかけている。

産業化ないし経済発展の要因を分解すれば、①生産要素要因としての「資本」と「労働」、②全要素生産性要因としての「技術進歩（イノベーション）」と「制度（ソフトインフラ）」などに分けられる。経済成長の要因として「資本ストック」と並んで計測に困難が伴うのは、「全要素生産性」の推移である[1]。これらの要因のなかで、全要素生産性要因の働きが特に注目されている。世界銀行（一九九八／九九）でも指摘されているように開発における「知識ギャップ」や「情報不全問題」は後発劣位の近因である。先進国にとって産業化経験知識は、すでに公共財となっており「結合価値」、ないし「ネットワーク効果」を発揮しているが、発展途上国には欠けている経済的要素である。

一九五〇年代から一九八〇年代末まで約四〇年間の経済成長のパターンは先進諸国とＮＩＥｓ四カ国の間に大きな隔たりがある。実証研究（Lau 2002）の結果によれば、東アジアの新興工業地域に

表3－1　先進国とNIEsにおける経済成長の要因分解

（単位：%）

先進国	資本	労働	全要素生産性	NIEs	資本	労働	全要素生産性
フランス	37.8	−1.3	63.5	香港	74	26	0
ドイツ	43.7	−6.3	62.6	シンガポール	68	32	0
イギリス	46.0	3.7	50.3	韓国	80	20	0
アメリカ	32.9	26.2	40.9	台湾	85	15	0
日本	62.9	4.7	32.4				

出所：L. J. Lau (2002).

は全要素生産性、つまり技術進歩がなかったものの、先進工業国には相当の水準の技術進歩が観察されている。また、NIEsの成長要因は有形の生産要素の投入増加によっている一方、先進諸国は無形資本の蓄積や全要素生産性の増加が著しかった。東アジアのNIEs諸国の経済成果を説明する要因は技術進歩ではなく、規模の経済効果があげられている。このような経済成長の要因分解の背景には、途上国における無形資本への投資の劣位性と先進国によるイノベーション・レント[2]の一方的な享受および集計の問題がある。まず、先進国における無形資本への投資は人的資本、R&D資本、知識資本およびその他の無形資本（ソフトウェア、マーケット開発等々）にかかわっている。集計の問題としてはNIEs諸国において交易財産業の技術進歩があっても、非交易財産業における漸増する非効率さによって相殺され、経済全体としては計量的に技術進歩が識別・観察されがたいという分析上の制約もある。

過去一〇〇年間の経済データに基づく分析結果（Easterly et al. 1993）によれば、一人当たり所得が相対的に低い水準に置かれていた国家は現在も相変わらずその水準にとどまっているとされている。こうした相対的順位の変化のためには、経済成長率が相対的に高く、かつ持続的ではなければならないとのインプリケーションを内包している。一方、「知識経済化」ないしいわゆる「ニューエコノミー」における後発経済圏の成長機会については、どう受けとめられるであろうか。まず、ニューエコノミーの特徴は次のようにあげられる（Lau 2002）。①形式知の取引コストの急減している一方、イノベーション過程において暗黙知の移転と交流の増加により、信頼や対面接触の重要性が高まる。②先進国における垂直統合の解体やグローバル・アウトソーシング、③知識集約型新産業のグローバル拡散、④製品のライフサイクルの短縮化や規模の経済効果の拡大による先発者利益の強化などである。特に企業間関係の変容としての垂直統合の解体は、企業活動の価値連鎖におけるアンバンドリングとグローバル・アウトソーシングを引き起こし、後発経済圏にとっては新たな経済機会になっている。学習効果（learning-by-doing）の実現が一層容易になりつつある。なお、アンバンドリングにより、財やサービスの交易可能性も高まっている。社会的能力（制度的基盤）としての産業化の経験知識が備わっていなければ、先進国の産業化パターンを学習・模倣していく短期的な高成長戦略は実現されうるものの、長期的には模倣の潜在力が消失してしまう。さらに模倣による成長の「疲労現象」が短期的効果を相殺してしまう蓋然性は高いといえよう。知識経済化を迎えている東アジア経済における持続的な発展のためには、新たな発展モードないしパラダイムが求められている。ここで社会的能力ないし制度的基盤とは、たとえば、生産プロセスの場合、生産工程技術への熟練化、新たな発想を統合する方法および生産工程の経営能力等々である。

後発経済圏における新たな発展モードは、後発利益の享受、そして経済的学習と組織的基礎条件として次のような要素があげられるであろう。つまり、①製品より機能の専門化の追求とグローバル・サプライ・チェーンへの参画、②完成品より中間財やサービスの交易、③市場開拓コストや地理的制約を克服するインターネット基盤ないし知識集約型の新産業の育成、④持続的な成長のための無形資本、特にＲ＆Ｄ資本の蓄積、⑤均衡的発展のための地域活性化と地域イノベーション・システムとしてのクラスター形成などである。

情報化ないしデジタル化が経済にもたらした多大な影響の一つは、製品や組織に関して「モジュール化」(modularity) を促したという点である。ここで、モジュール化とは、独立して設計できる小規模なサブシステムを用いて、複雑な製品やプロセスを構築することである。こうした現象は、製品開発や製品提供の自由度を高め、開発スピードを高めるなどの効果があるとされている。

本稿では、情報化とモジュール化との密接な関係における次のような二点に注目している。第一に、情報技術産業やコンピュータ産業の発展自体が、製造プロセスにおけるモジュール化によってもたらされたという側面である。特に、ＩＢＭの製造プロセスではモジュール化が積極的に採用され、それが今日のＩＴ革命をもたらした一つの重要な要因になったと評価されている。そのロジックをさらに普遍化させて、他の産業においてもモジュール化を採用することが産業全体の発展にとって望ましいと主張されることも多い。第二に、情報技術の発展が、他の産業におけるモジュール化を積極的に推進する原動力になっているという側面である。デジタル化の進展は、複雑な情報も短期間で伝達できるようになった。その結果、いままで技術的に困難であったモジュール化が可能になってきたという側面がある（柳川 二〇〇一）。このように「モジュール化は情報化の原因でもあり結果でもある」といえよう。

なお、上記のモジュール化を産業組織の視点でアプローチすれば、取引コストの削減のために行われる製造業における企業間連携、つまり垂直統合とはまったく正反対の現象としての「垂直統合の解体」（vertical disintegration）という概念で捉えることができる。たとえば、一九六四年発表されたIBMのシステム／三六〇は、モジュール化の設計思想を初めて全面的に採用して大きな成功を収めた。こうしたシステム／三六〇の最大の特徴は、ハードウェアを六〇〇余りのモジュールにわけ、その組み合わせによって多様な機能を実現する一方、それらをつなぐインターフェースなどの全体設計は固定したことである。同様に、ソフトウェアも全体の構造を最初に決め、モジュールの内部設計は個々の部門にゆだねるが、それらを組み合わせるアーキテクチャは基本設計の段階で厳密に固定され、変更は許されない「ウオーターフォール型」の構造が採用された。こうしたアーキテクチャは、組織形態においても垂直統合型の巨大組織を生み出した。製品の仕様は米国本社で決められて、トップダウンで各部門に下ろされ、設計段階でこの仕様を変えることは許されなかった。

製造業分野における企業間連携や情報・経営のオープン化といった企業の競争戦略の有効性は、製品設計のあり方にも依存している。たとえば、乗用車やノートパソコンのように、製品全体について毎回最適設計をし、部品レベルでの統合度を高めることにより、安全性や快適性の確保、小型化や省力化といった競争優位が図られている製品もある。このような統合度の高い製品設計が採用されている場合には、要素技術の技術革新や補完製品との組み合わせの多様性が必ずしも競争優位の絶対条件とはならない。このため、技術開発面での企業間連携や情報・経営のオープン化が有効というわけではなく、外部の経営資源の活用よりも内部の高密度の情報共有を維持するための囲い込み戦略の重要性が高いと考えられる。

前述の垂直統合の解体現象は、国際貿易にも多大なインパクトを及ぼしている。つまり、「フラグメンテーション」ないし「アンバンドリング」による生産の国際ネットワーク化である。国際生産ネットワークは、製造業におけるイノベーション機能と生産機能を分離すること、つまり「フラグメンテーション」(Lau 2000) ないし「アンバンドリング」によって形成されはじめた。先進諸国における知識経済化の急速な展開と製品ライフサイクルの短縮化で、企業は新製品の開発に経営力を集中し、相対的に付加価値の低い製造活動を国内外注 (outsourcing)、さらには海外の発展途上国に移転する (global outsourcing)、いわゆる産業の空洞化が大きなトレンドとなっている。

(3)　ネットワーク型生産モードの深化と産業連携の重層化

前述したように、イノベーション機能と生産機能の分離化、つまりフラグメンテーションが進むなかで、一九九〇年代以降のＩＴ革命の進展とともに、アジアと連結する先進国のイノベーション活動の中心となっているのは米国である。特に、ＩＴ産業では、シリコンバレーなどを本拠とする先進国のブランド保有企業が製品開発を行い、台湾・韓国などのＮＩＥｓ企業がＯＥＭ生産を行う分業体制が効果的に機能している（桝山二〇〇一）。

一九八〇年代半導体産業も含めアメリカの電子産業は、日本の企業に打ちのめされ、ほぼ完全に崩壊していたような状況であった。しかし、アメリカのＩＴおよび電子産業は、一九九〇年代後半から見事に復活した。その背景としては製品の変化、生産システムの変化、そして需要構造の変化などの要因があげられる（Borrus 1997; Cohen & Borrus 1998）。ここで生産システムの変容というのは、垂直的生産システムからネットワーク型生産モードへの移行である。特に、注目すべき点は一九八〇年代、市場での生き残りをかけたアメリカ企業の東アジアでの生産活動の展開である。つまり、日本企業に対し、部品・製造技術等について依存していたことを回避し、米国の資本による国際生産ネットワークを展開させ、日本企業へ対抗可能な生産基盤を確立することができた。もちろん、こうした国際生産ネットワークないしネットワーク型生産モードは短期間に形成されたものではなく、約一〇年余りをかけてつくり上げることができたと考えられる。なお、東アジアにおける特殊的地域特性、つまり日本を筆頭に、シンガポール、台湾、韓国、東南アジア諸国、および中国沿岸地域といった異なる発展段階が共存しているダイナミックな地域である点も見逃せない。付言すれば、米国の企業はアジアの経済的多様性を効率的に利用することができたからこそ、国際生産ネットワークを形成することが可能となった。もちろん、中央ヨーロッパ（ハンガリー、ポーランド、チェコ等）における電子産業の国際生産ネットワークの形成（Linden 1998）にも同様の経済的要因が挙げられる。

過去三〇年間、日本の電子産業における生産戦略は『内需指向の生産』から『輸出プラットフォーム型生産』(export platform production)へ大転換を、そしてさらに『現地密着型』へ発展してきている。一九九〇年代初期まで日本の企業は戦略的意志決定や高付加価値活動を日本国内に集中させたため、現地の活動は制約的で、ほとんどの部品や原料を日本から輸入した。同期間におけるアジア地域への電子機器輸出に占める部品の割合が三〇%強である一方、欧米への輸出は一五%弱であった。言い換えれば、日本の企業は東アジアにバリュー・チェーンの移転を最小限に抑えようとしていた。しかし、こうした戦略は膨大な代価を払わなければならなかった。すなわち、日本企業が東アジアで蓄積した資源や経営能力を動力化することができなくなり、域内の持続的市場の拡大機会に充分対応し切れなかった。それゆえ、日本企業は域内の供給基盤の確保やアジア生産ネットワークの専門化にその制約を余儀なくされた。

日本企業、特に製造業の海外移転の経済的要因は次のようにまとめられる。国内経済要因として高コスト構造および経済社会の成熟化を、そして海外経済要因としては海外製造業とのグローバル競争激化、アジア・マーケットの拡大、政治的要因および情報化の進展などである(日本政策投資銀行二〇〇一)。こうした諸要因のなかで、特に注目に値する点は、デジタル化の進展による「熟練の解体」(de-skill)現象と製造業の立地条件の変容である。製造業における究極的な機械化としてのＩＴの活用は不可欠であり、情報化はどの国においても製造業の生産性向上・高付加価値化に寄与することが期待される。ただ、デジタル化ないし情報化がグローバルに同調化している状況では、日本にお

図3－2　東アジア主要国における日本からの技術輸入

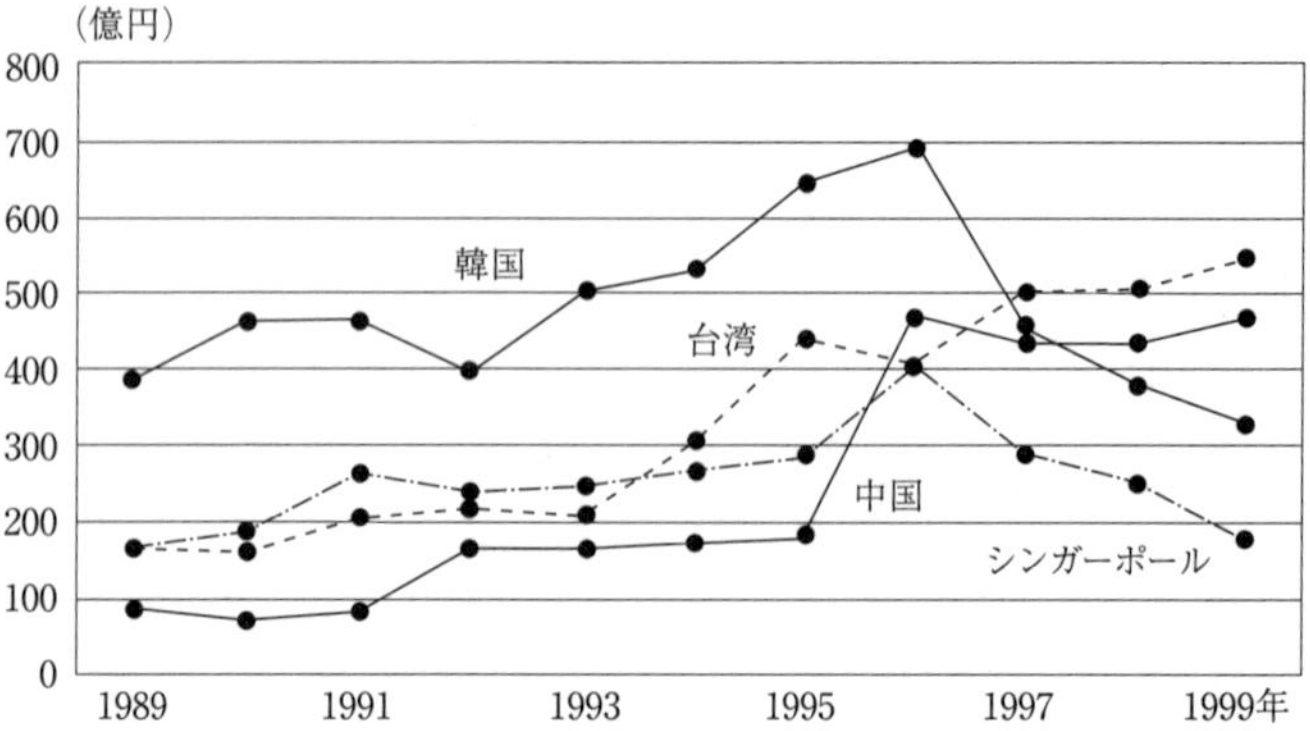

資料：総務省統計局『平成13年科学技術研究調査』。

ける立地の優位性が損なわれかねない可能性もある。つまり、ＩＴ化の進展に伴い、従来日本の製造業における強みの要因であった熟練ないし職人技の範疇に入る高い生産技術・高度なノウハウが、デジタル技術の高度化に伴い、半導体チップに収納され、あるいは大容量通信ネットワークを通じて送受信されることによって、遠隔地の非熟練労働者も駆使できるようになりつつある、いわゆる「熟練の解体」現象である。言い換えれば、「暗黙知」から「形式知」への転換現象である。たとえば、日本の㈱インクス社（主な経営指標：一九九〇年設立、二〇〇〇年度売上高四五億円のうち経常利益五億円）の場合、三次元データを用いた金型設計、製作等を手がけている。三〇～四〇年間の経験を通じて形成された職人の技能が三次元ＣＡＤ、光造形装置、設計ソフト等によって情報システム化され、こうした新しい技術を採用すれば、単純労働者が設計することも可能になりつつある。このようなまったく新しい業態は、従来工業化時代における機械化のモードがIT時代・デジタル経済に生まれ変わった新たな経済モードともいえよう。従来ならば日本においてでなければできなかった設計・製造が日本でなくともある程度可能となり、日本の優位性は相対的に低下するようになりかねない。たとえば、近年東アジア主要国における日本からの技術輸入統計からみて、韓国やシンガポールの場合、日本からの技術輸入が激減しており（図3－2）、特に輸出マーケットで競合度が相対的に高まりつつある韓国における日本技術への依存度の低下は著しい。しかし、チャイナ・サークル、つまり中国や台湾等における日本からの技術輸入は一九九〇年代後半から急激に増加している。

東アジアにおける国際生産ネットワークはより開放的に変わってきており、また一層現地密着型になりつつある。東アジアにおける主な国際生産ネットワークの特性については表3－2のようにまとめられるであろう。なお、東アジアにおける日本資本の国際生産ネットワークはもう単独で唯一な存在ではなく、韓国系およびチャイナ・サークル（華人ネットワーク）系企業により、新しく形成されはじめている生産ネットワークと共存している。米国の電子産業に比べ、日本の関連企業の競争力が逆転されている背景要因として、アジア地域におけるより効率的な域内サプライ・チェーンの構築に失敗したという点が指摘されている（Ernst 1997a）。つまり、高付加価値活動や戦略的意思決定の中央集中的慣行、そして域内における日本資本の生産ネットワークの相対的な閉鎖性などが主な要因であると考えられる。しかし、一九九〇年代半ば以降日本の国際生産ネットワークはオープンに、か

表3-2　東アジアにおける主要資本別国際生産ネットワークのタイポロジー

特　性	米　国	日　本	台　湾	韓　国	シンガポール
主要製品	高度の産業電子機器	家電・電子部品・産業電子	パソコンおよび周辺機器	家電および電子部品	HDDおよびパソコン関連
接近度	開放的	閉鎖的	開放的	閉鎖的	開放的
持続性	流動的	長期的	流動的	長期的	長期的
市場・技術適応	速い	遅い	やや速い	遅い	やや速い
ガバナンス	分散	集中	集中	集中	集中
優先供給ベース	無差別	国内・現地の関連企業	国内および現地中国人	国内	現地の中国人
域内における付加価値源	現地組織の付加価値の最大化	国内および現地組織の付加価値の最大化	台湾の付加価値の最大化	国内付加価値の最大化	国内付加価値の最大化

出所：M. Borrus, D. Ernst and S. Haggard, eds. (2001).

つ現地密着型に変わっており、また従来の閉鎖性による制約を克服するために学習や組織適応に取り組み、一九八〇年代の喪失した競争力を取り戻そうとする動きがみられる。一方、米国と東アジアとの生産連携は、まずシンガポールの場合、一九八〇年代より米国のＩＴ産業、特にコンピュータやハードディスクの国際生産ネットワークにおける域内の生産ハブ（production hub）ならびに仲介拠点として成長してきている（Ernst 1997b）。マレーシアは一九七〇年代米国の半導体企業の生産拠点として、そして一九九〇年代は米ーシンガポール間の連携の外延的拡張によるハードディスクの国際生産ネットワークに編入されるようになった。米ータイ間の国際生産ネットワークの形成も米ーシンガポール間の国際生産連携の外延的拡張によっている。

2 韓国経済の成長とグローバルな産業連携

(1) 輸出主導型高度成長の終焉

韓国経済は輸出主導型経済成長の成功事例として評価されてきた。資源に恵まれていない、しかも市場の狭小な小規模の開放経済において輸出の増加が規模の経済の達成、経済の効率性の向上、雇用の創出、技術開発の促進などを通して、高度成長を可能にしたと広く受け止められている。しかし、輸出増加が経済成長を導くという「輸出主導型成長論」に対して、経済成長が輸出を促進するという「成長牽引型輸出論」(output-driven export) も注目に値する。さらに経済成長と輸出との間には双方向の因果関係あるいは相関関係がないという異論も少なくないなど一義的ではない。

既存の輸出主導型成長仮説によれば、輸出は経済成長の主な説明要因として取り上げられており、輸出増加と経済成長との間にはポジティブな因果関係があるという。しかし、輸出と経済成長間の因果関係に関する仮説としては、経済成長が輸出増加をもたらすという正反対の方向性、さらに輸出と経済成長という変数間には双方向の因果関係も想定されうる。輸出主導型成長論によれば、輸出が経済成長を促進し、産業構造を高度化させる。輸出が経済成長にポジティブな影響を及ぼす経路に関しては、海外需要の増大に伴う直接的な産出量の増加以外にも多様な経路[3]がある。

ところで、少数派理論ではあるものの、技術進歩により経済成長が可能となり、また経済成長が輸出を増加させていくという仮説も注目に値する。たとえば、生産の増大が生産性の向上および単位費用の減少を通じ輸出を促すため、経済成長が輸出を引っ張ることになる。さらに、輸出と経済成長間の一方的な因果関係だけではなく、双方向の因果関係にあるという仮説もある。たとえば、産業内貿易理論によれば要素条件が類似した国家間には規模の経済による生産増大が産業内貿易の主要因として働くとされている。

これからは上記の議論を踏まえ、韓国経済における輸出主導型成長モデルの形成とその変容について検討していきたい。韓国経済は当初、輸出依存度が一〇%を下回るほどの輸出小国であった。しかし、経済開発計画が初めて実施されたときの韓国経済は輸入代替政策の行き詰まりがはっきりし、またそれまで赤字を補填するのに大きな役割を果たしてきた米国の軍事援助が削減されるなど、自力による輸出市場開拓を通じて活路を見出さざるをえないような与件がつくられつつあった。そこで韓国政府は一九六四年頃から輸出指向型の経済開発戦略に重心を移しはじめ、第二次経済開発計画の終了する一九七一年までにはほぼ輸出指向型への移行を完了した。それ以降、韓国経済における輸出は投資とともに経済成長の牽引役を担ってきた（奥田 二〇〇〇）。付言すれば、韓国は、輸入代替の過程を十分経ることなく、本格的な工業化の初期段階から輸出志向型産業を形成するというプロセスをたどった。これは、先進諸国に比して国内市場が小規模であるために、内需に合わせた規模ではスケール・メリットが働かず、コスト競争力が得られなかったためである。こうした傾向は、統計からも明らかになっており、一九六〇～七〇年代には五年間ベースで四倍、一〇年間で一六倍強という驚異的な増加率をみせ、一九八〇年代から一九九五年にかけても、五年で二倍程度の増加率をみせてきているが、一九九〇年代後半になると、増加の趨勢が顕著に落ち込んだ。これは自国とアジア諸国の経済危機および日本の景気低迷により一九九八年の輸出が低迷したことや、韓国の輸出品の価格低迷、一九九〇年代中盤の半導体のような有望輸出品目を探りあぐねている状況などが影響しているといえよう。また、一九九七年のOECD入りに象徴されるグローバル化の流れの中で、政府が輸出向け特別融資などの輸出支援策をとらなくなってきたことも影響していると考えられる。しかしながら、依然韓国経済において輸出の重要性は減じていない。

韓国が輸出を伸ばして経済発展をしてきたことは、マクロ経済指標から明らかになっているが、果たしてそれは本当に内実あるものであったのであろうか。また、これまでの生産性向上の歩みのなかで、輸出が果たした役割と資本集約化の果たした役割のどちらが相対的に大きかったのかという議論は、過去の韓国経済はもちろん今後の韓国経済の持続可能な発展モードを模索するに示唆点が少なくないと考えられる。一般的には、輸出は生産性に対して好影響を与えるものと受け止められている。たとえば、輸出は生産規模を拡大させ、この拡大された生産規模から得られる規模の経済の作用によって生産性が向上する、同時に海外における競争に伴う生産性向上要因が生まれると推察される。また、世界銀行（一九九三）は、技術をはじめとする知識市場が実際には存在しないなどの不完全性を後発国が克服するための重要な手段として輸出を位置づけている。(4) 奥田（二〇〇〇）の実証分析の結

表3－3　輸出増加率の推移

（単位：％および％ポイント）

年	1980〜89	90〜99	90〜94	95〜99	1996	1997	1998	1999	2000	2001
韓国	15.8	9.0	9.1	8.9	3.7	5.0	－2.8	8.6	19.9	－12.7
世界	6.7	6.6	7.3	5.8	4.3	3.6	－1.6	4.0	12.7	4.3
ギャップ	9.1	2.4	1.8	3.1	－0.6	1.4	－1.2	4.6	7.2	－17.0

資料：世界貿易機構（WTO）および韓国貿易協会。

果でも韓国経済における輸出と生産性との間には好循環が存在してきたことが明らかになっている。一方、生産性の向上が輸出を伸ばすとも考えられる。国内における生産性向上とそれに伴う生産余力が輸出を増やすことを示している。

こうした認識を踏まえ、本節では韓国経済における輸出と成長間の関係とその変容について調べていきたい。既存の研究は主に輸出主導型の成長仮説に関するものが多く、輸出構造の変化やこうした構造変化が輸出増加、経済成長、交易条件などに及ぼす影響に関する研究は少ない。特に、経済成長プロセスにおける需要創出の役割を強調する最近の理論では、需要増加の高い新たな製品や産業が経済成長のエンジンとなる。したがって、輸出の量的な増加だけではなく、質的な構造変化が経済成長や交易条件の変化などとの関連性について調べることにする。

まず、一九八〇年代以降の輸出の推移について韓国の輸出規模の変動は世界全体の輸出規模の変動推移と酷似しているパターンをみせており、その増加率の推移は世界水準を大きく上回っている（表3－3）。たとえば、重化学工業製品を中心に輸出規模が急増した一九八〇年代の韓国経済における年平均輸出増加率は一五・八％で世界輸出の増加率六・七％の約二倍以上に達している。このように持続的な輸出の増加により世界経済に占める韓国経済の輸出の割合も大きく伸び、一九七〇年の〇・三％から一九八〇年〇・九％、一九九〇年一・九％、二〇〇〇年には二・七％に急増してきた。また、国内総生産（GDP）に占める商品の輸出も一九七〇年の一〇・一％から一九八〇年二七・九％、一九九〇年二五・二％、二〇〇〇年には三八・二％に趨勢的に伸びてきた。

韓国経済における輸出の規模やその構成も大きく変わってきた。まず、韓国における産業別輸出構造の変化推移では、一九八〇年二一・五％にすぎなかった組立加工産業の割合が一九九〇年四〇・七％、二〇〇一年五八・七％に伸びる一方、消費財産業の割合は一九八〇年五三・九％から二〇〇一年には一八・八％に反転している（図3－3）。これは、韓国における輸出産業が少数の主力産業を梃子にした不均衡成長によっていることをうかがわせる。つまり、産業化の初期段階においては労働集約産業から産業化に乗り出し、漸進的に組立加工産業などの資本・技術集約型産業へ産業構造の高度化が進展してきた。

ところで、韓国における部品・素材産業は積極的な産業政策に支えられ部分的には国際競争力が改善されたとはいえ、その基盤はまだ脆弱さを呈している。つまり、韓国の産業構造は部分的に工業化が進んだ非充足的構造を持っており、素材、中間製品および資本財などのいわゆるサポーティング・インダストリーの基盤が不十分な状態にあり、関連産業の裾野の狭い未熟な工業化段階にありながら、なおかつ一部の産業においては積極的な輸出を図っている。韓国の主要輸出製品は迂回生産プロセス

図３－３　産業別輸出構造の推移

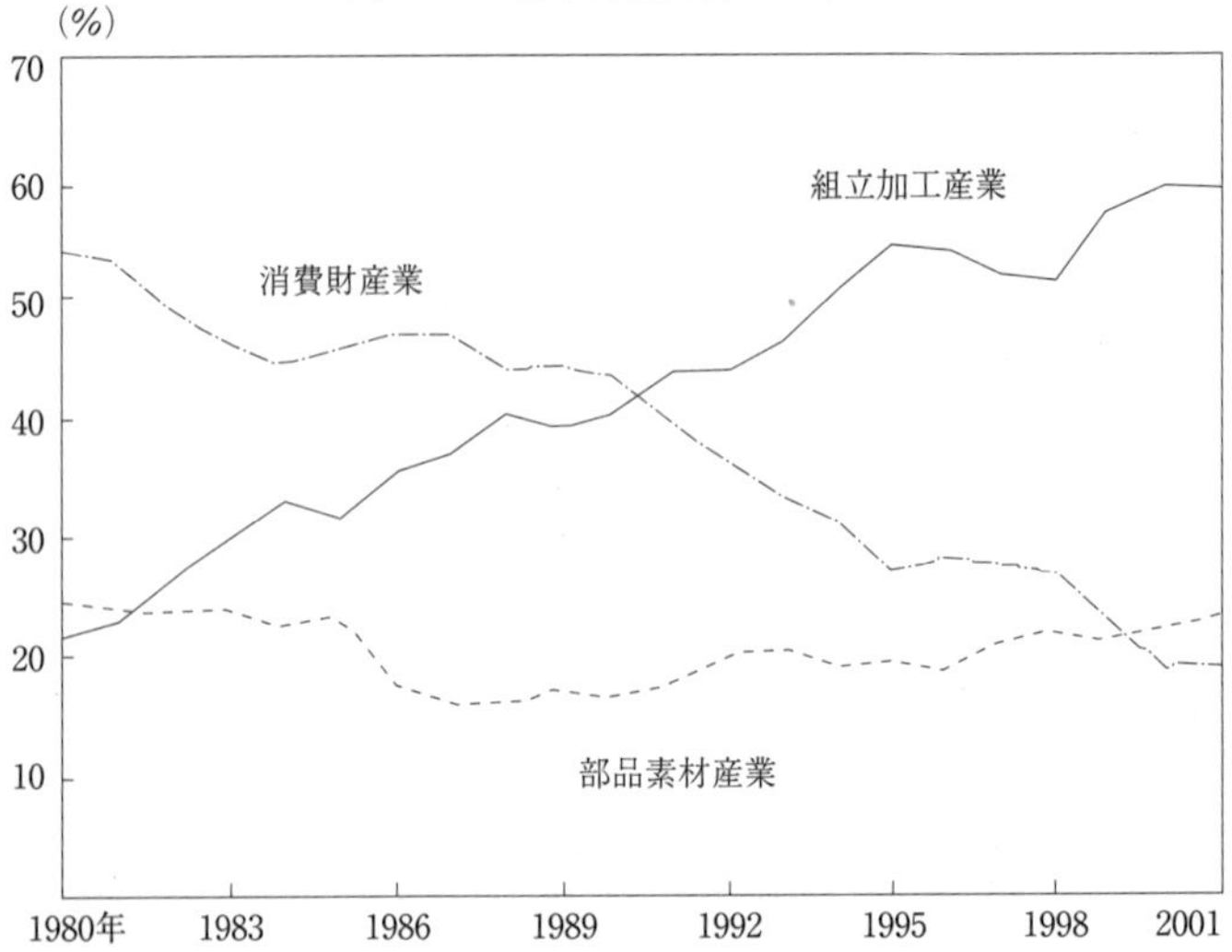

資料：韓国統計庁。

の最末端に位置する最終財であり、他方の中間財や資本財などの生産財においては輸入の依存度がきわめて高い。こうした意味では韓国経済の内実は、輸出が増加すればするほど、輸入を大きく誘発する「加工貿易型構造」であるといって差し支えない。近年世界産業界における競争の構図が完成品競争から部品・素材中心の競争構図へ移り変わっていくグローバル・ソーシングが拡散されてきているのは周知のようである。韓国経済における持続可能は発展のために、主なネック要因となっている部品・素材産業とグローバルな産業連携については後述する。

韓国経済は近年慢性的な貿易収支の赤字から一転して、劇的な経常収支の黒字化を実現している。従来、経常収支が赤字化し

図3－4　輸出入および収支の推移

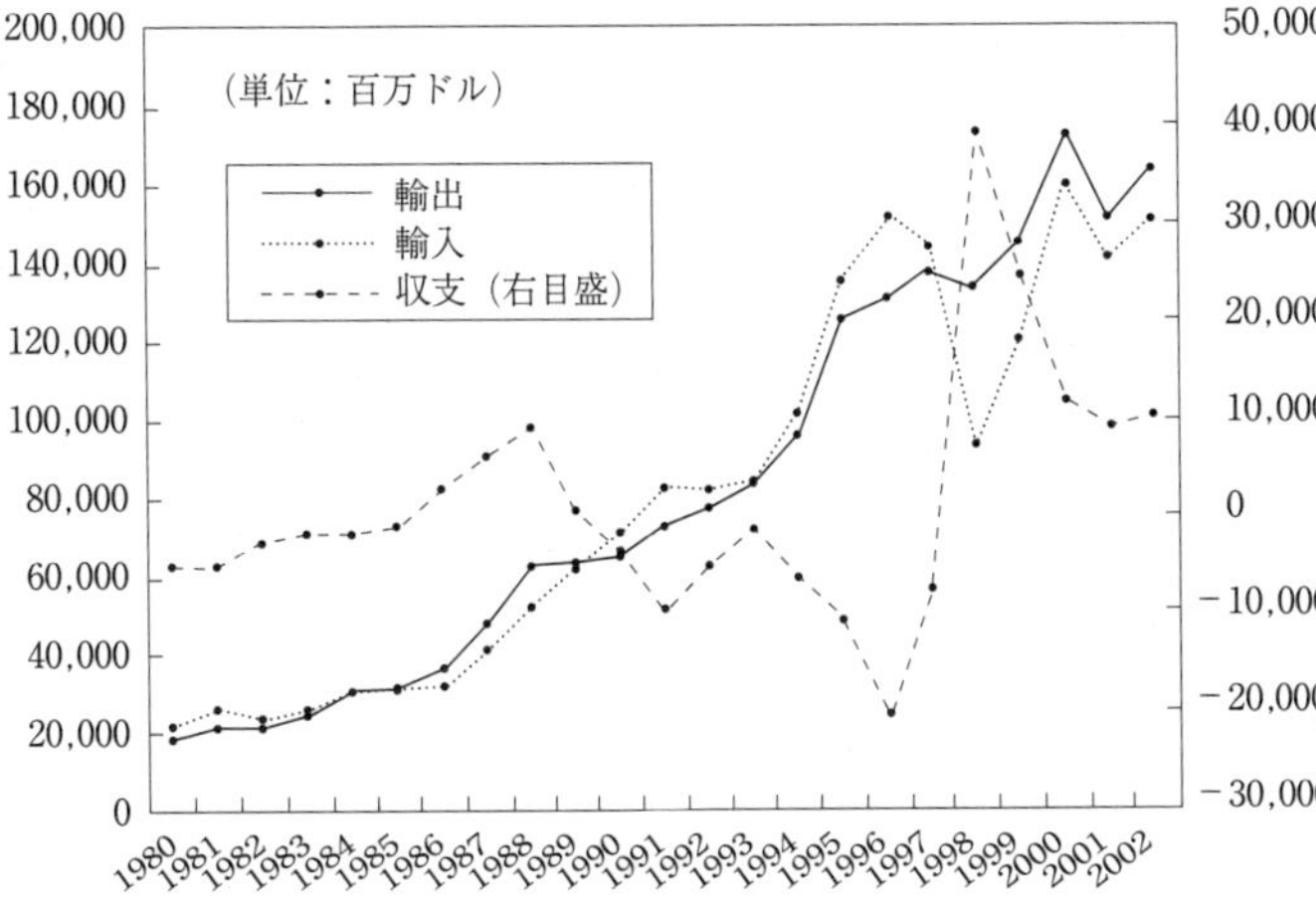

資料：韓国貿易協会。

た原因は、いわゆる開発国家論に基づき、政府が積極的に推進してきた工業製品の輸出増加が資本財や中間財の輸入増加を伴う貿易構造にあり、高成長は必然的に貿易赤字を招いてきた。しかし、通貨危機以降貿易赤字の削減を政策目標として取り組んできており、また経常収支の赤字幅削減はＩＭＦの資金支援の条件の一つとして取り組むことになった。一九九八年韓国経済は国内総生産の一〇％を超える大幅な黒字を計上し、四〇〇億ドルのものぼる（図３－４）。こうした貿易収支の黒字化への改善は通貨切下げ後も輸出環境が好転しない中で深刻な内需低迷による大幅な輸入減少がもたらしたものであるといえよう。

貿易赤字と成長率の関係からみた場合、韓国経済において一九九八年を起点に従来の「高成長・貿易赤字」型から「低成長・貿易黒字」型への転換がみられており、少なくとも二〇〇三年まではこの現象は続いている。今回の貿易収支の黒字化という転換は八〇年代後半輸出拡大による黒字化とは異なり、「輸入縮小による黒字化」がもたらした結果である。ただし、二〇〇〇年以降黒字幅は縮まったものの黒字のパターンは維持してきており、今後の展開が注目される。

(2) 部品・素材産業のグローバルな産業連携

韓国経済におけるボトルネック要因とも位置づけられてきた部品・素材産業の成長とグローバル連携について検討していきたい。長年間の産業政策に支えられ、部品・素材産業の国際競争力は多少改善され、関連貿易収支が一九九三年以降黒字に反転されるなか、ＩＭＦ通貨危機以降半導体、ＴＦＴ－ＬＣＤ、移動通信機器の部品などのＩＴ関連部品の輸出が大きく伸びてきた。しかし、組立加工型の発展パターンを追求してきた韓国経済における部品・素材産業の基盤はまだ脆弱であり、輸出競争力を高めることは依然課題となっている。

一九八八年以降、韓国の部品・素材産業の輸出の増加率（約一二％）は全体の輸出増加率（八％）を上回っており、輸出に占める部品・素材産業の割合は一九八八年一七・九％から二〇〇〇年三一・七％に上昇した[5]。特に、品目別には半導体輸出の平均増加率二四％が、部品・素材産業全体の平均増加率一二％を大きく上回っており、地域的には中国への輸出が大きく伸びてきた（表３－４）。一方、部品・素材の輸入は一九八八～九七年の間には年平均一一・五％、ＩＭＦ通貨危機以降（一九九八～

二〇〇一年）は設備投資の抑制により年平均三・三％にとどまり、全体の輸入に占める部品・素材の割合も一九八八年四五・四％から二〇〇一年四一・八％に減っている。部品・素材の輸入地域については、日本への依存度が一九八八年四四・九％から二〇〇一年には二九・四％へ減ってきている一方、中国からの輸入は同期間中、一・八％から九・六％へ急増している（表3－5）。部品・素材産業における貿易収支は一九九三年黒字化されてから、一九九六年を除いて黒字をパターンが続いている（表3－6）。地域別には日本に対しては基調的に赤字を抱えている一方、中国や香港に対しては黒字を計上している。

表3－4　部品・素材産業における輸出地域の構成（2001年）

	米国	中国	欧州	日本	香港	台湾	その他	合計
半導体	23.9	**2.6**	14.1	**13.9**	10.5	10.6	24.4	100
電気電子部品	15.0	**17.5**	14.9	**9.4**	6.7	7.1	29.4	100
機械類部品	28.1	**11.5**	12.8	**13.6**	2.2	3.0	28.8	100
自動車部品	29.1	**3.5**	15.9	**7.2**	0.4	3.3	40.6	100
化学　素材	7.9	**32.5**	12.0	**0.2**	6.0	4.6	36.7	100
金属　素材	30.0	**20.1**	6.6	**16.2**	7.7	4.0	15.4	100
繊維　素材	6.8	**19.1**	11.5	**0.5**	12.0	1.4	48.7	100
合　　計	18.6	**16.3**	12.6	**9.2**	7.5	6.0	29.8	100

表3－5　部品・素材産業における輸入地域の構成（2001年）

	日本	米国	欧州	中国	台湾	その他	合計
半導体	**23.1**	27.8	7.2	**2.8**	12.1	26.8	100
電気電子部品	**28.4**	18.2	12.4	**17.8**	5.8	17.5	100
機械類部品	**30.6**	30.0	27.3	**4.0**	1.3	6.8	100
自動車部品	**46.8**	16.8	26.6	**1.0**	0.3	8.5	100
化学　素材	**37.4**	19.4	18.9	**8.4**	2.0	13.9	100
金属　素材	**33.1**	9.2	18.5	**10.0**	1.5	27.8	100
繊維　素材	**16.4**	7.0	14.1	**32.2**	7.2	23.2	100
合　　計	**29.4**	20.3	15.0	**9.6**	5.7	20.0	100

韓国における部品・素材産業

表３－６　部品・素材の貿易収支

（単位：億ドル）

年	1988	1990	1993	1996	1997	1998	1999	2000	2001
半導体	－0.2	3	20	47	43	48	28	61	－13
電気電子部品	－21	－20	－12	－14	－17	22	23	－6	3
機械類部品	－23	－34	－41	－69	－56	－20	－28	－27	－17
自動車部品	－4	－3	－5	－5	7	9	8	6	6
化学　素材	－31	－28	－7	0	14	38	28	39	33
金属　素材	1	－4	2	－45	－31	31	－4	－18	－13
繊維　素材	20	27	44	64	67	59	54	57	46
合　　計	－58	－59	1	－23	28	187	109	113	44

資料：表３－４、表３－５ともに韓国銀行。

の特徴は三点にまとめられるであろう。第一に、輸出品目が一部産業に傾斜していることである。特に、近年情報技術関連の輸出が急増しており、二〇〇〇年の場合、半導体、コンピューター部品、ＴＦＴ－ＬＣＤなどが輸出に占める割合が四七・五％に達している。第二に、部品・素材産業全体の貿易収支は一九九三年以降黒字を実現しているものの、日本との交易では依然赤字基調が崩れておらず、電気・電子部品、化学素材および機械類部品などの赤字が大きい。こうした対日赤字の基調は、相対的に弱い非価格競争力や輸入の増加圧力、つまり大企業集団（財閥企業）の過剰な投資競争、組立加工型工業化戦略[6]による脆弱なイノベーション・システム、一九八〇年代以降の輸入自由化といった制度構造がその背景要因としてあげられるであろう。つまり、二〇〇〇年の場合、韓国の技術輸出が約二億ドルであった一方、技術輸入は約三一億ドルに達しており、その大半は部品・素材関連の技術導入であろうと推察される。第三に、繊維素材は貿易黒字、機械類部品は貿易赤字の基調を各々維持されている。言い換えれば、まだ韓国経済においては産業の高度化が一定のレベルにとどまっているといえよう。

なお、近年輸出が急増する情報技術関連の製品も核心部品は輸入に依存している部分が少なくない。たとえば、DVDプレイヤー、デジタルカメラ、デジタル・セットトップ・ボックスなどの場合、部品・素材の輸入割合が五〇〜七〇％にのぼっている（韓国・産業資源部 二〇〇二b）。特に、半導体の素材やディスプレイの素材は各々八一・五％、九一・四％に達しており、海外の先発企業との差別化もきわめて困難で、しかも付加価値も高くない。二つの事例から調べよう。まず半導体産業の場合、半導体産業は韓国が最も強い競争力を有する産業の一つであり、米国の半導体輸入市場においても、一九九八年より日本を追い抜き最大の占有率を有している(7)。しかし、韓国の半導体製造装置市場の約四割を日本製の製造装置が占めているということは、基礎的な製造技術における韓国の半導体産業の脆弱性の表れでもある。言い換えれば、製造装置生産に強みを有する日本と量産化技術に強みを有する韓国の間で国際分業体制ないし国際的な産業連携が構築されているといえよう(8)。第二の事例は携帯電話端末機である。韓国の携帯電話端末機メーカーは中核部品の多くを日本から調達している。これは、半導体産業の事例と同様に韓国における裾野産業の層の薄さないし関連部品・素材産業脆弱さの現れである。

3　グローバルな産業連携の加速化と空洞化現象

(1)　海外直接投資とグローバルな産業連携の加速化

韓国における海外直接投資は一九八〇年代後半以降増え続けてきており、二〇〇一年の残高は名目ＧＤＰの六・八％に達している。[9] こうした海外直接投資には国内企業において「輸出促進効果」と「輸出相殺効果」の二つの側面が絡み合っている。[10] つまり、海外進出企業への輸出（資本財や原料、部品など）を誘発する一方、現地市場ないし海外輸出市場を相殺する効果も見られる。さらに国内の生産や雇用にネガティブな影響をも引き起こしかねない。たとえば、中国に進出した韓国企業の中国人雇用規模が一〇〇万人を超えている（大韓商工会議所 二〇〇三）。これを単純計算すれば、韓国の賃金水準が中国の一〇倍水準なので、韓国内一〇万カ所の雇用機会が失われたとのことである。

韓国企業による海外直接投資と韓国経済との関連については次の二点のところに注目したい。まず、現地法人に対する輸出入動向である。たとえば、二〇〇〇年の 輸出は三一一億ドル、輸入は一〇一億ドルで、全体の輸出と輸入の一八・〇％と六・三％に達している。業種別に分けてみれば、貿易業などのサービス業現地法人に対する輸出と輸入が各々全体の七八％と七一％として高いが、製造業の現地法人に対する輸出と輸入は各々二〇％水準にとどまっている。地域別には先進国の現地法人に対

表3-7 海外投資先（現地法人）の売上げの構成

（単位：億ドル）

業種別	現地販売	母国輸出	第3国輸出	地域別	現地販売	母国輸出	第3国輸出
製造業	157.5	30.2	54.4	先進国	373.9	72.0	99.4
貿易業	342.9	94.3	113.2	途上国	126.5	52.5	68.2
合　計	500.4	124.5	167.6	合　計	500.4	124.5	167.6

出所：韓国輸出入銀行（2001）。

する輸出と輸入が各々七五％と六一％を占め、途上国の現地法人に対する輸出と輸入を大きく上回る。しかし、先進国に対する輸出入は主として貿易業の現地法人を対象にしている反面、途上国への輸出入は製造業の現地法人を対象にしていることが異なる。第二に、全体売上の六三％が現地販売で、母国や第三国への輸出額は各々二一％、一六％を占めている。こうした現地法人関連の輸出入および売上げのなか、製造業の現地法人に対する輸出はほとんど輸出誘発効果で、製造業の現地法人の母国に対する輸出（約三〇億ドル）は逆輸出効果として捉えられる[11]。

海外直接投資の経済的効果に関する実証研究の結果（ソ・リ二〇〇二）によれば、軽工業（アパレルなど）部門では現地や海外市場への輸出を代替する効果が輸出促進効果を上回り、韓国経済にとっては貿易収支の悪化につながっているという。さらに重化学工業部門においては、労働集約的なアセンブリーや組立工程だけ海外投資先に移転し、主要部品の場合、国内で生産、供給する分業構造が維持され、海外直接投資の拡大が貿易収支の改善に寄与していると見られる。地域別では、先進国に対する投資は、国内企業の輸出が現地生産・現地販売に代替される効果が大きく、素材や部品の調達に対しては品質の優れた現地製品を優先的に利用しており、貿易収支を悪化させている。しかし、途上国への投資は、現地における産業の未熟さにより素材や部品の輸出誘発効果が大きく、貿易収支の改善効果をもたらしている。

なお、海外直接投資が輸出入および貿易収支に及ぼす影響を分析した実証分析の結果[12]によれば、次のようである。第一に、製造業全体としては海外直接投資が輸出にネガティブな影響を及ぼしているとは限らない。しかし、軽工業部門の場合、一九九〇年代以降の海外直接投資の増加が近年軽工業製品の輸出不振の一つの要因としてあげられ、国内の老朽化設備を海外に移転する形態で行われ、資本財の輸出を誘発する効果が少なく、現地法人の製品が国内製品に比べ、価格競争力が高く輸出代替効果が高いと推察される。一方、電子部品や映像音響機器などは主要部品が国内生産、組立工程は現地法人という分業構造が維持されてきており、輸出誘発効果が大きいであろうとみられる。第二に、全体の製造業において、逆輸入効果はあまり大きくないと推定されているものの、軽工業や電子部品の場合、逆輸入効果が比較的に大きく、今後の進展について注目すべきであろう。要するに、製造業全体としては海外直接投資が貿易収支に統計的に有意性のある影響を及ぼしていない。軽工業部門の輸出誘発効果は小さいものの、輸出代替効果と逆輸入が大きく、貿易収支にネガティブな影響を及ぼしているといえよう。第三に、先進国への海外直接投資は貿易収支を悪化させるが、途上国への投資は貿易収支を改善させる効果が大きい。第四に、海外直接投資の投資部門や相対的に小さい規模を特徴とする韓国の海外直接投資による国内生産および雇用への影響はまだ大きくないといえよう。しかし、今後の海外直接投資が一九九〇年代以降の傾向が持続し、また高付加価値産業部門の海外移転が加速化するならば、国内の生産基盤の弱体化も避けられない。

このように海外直接投資の経済的効果は産業別・地域別に分かれており、全体的には輸出や貿易収支への影響は一義的ではない。また海外直接投資の規模は、途上国の平均にも及んでおらず、海外投資を行う産業部門も軽工業や組立加工型重化学産業が中心となっており、国内生産や雇用へのネガティブな影響は大きくはない。しかし、今後海外直接投資の規模が加速化し、高付加価値産業の海外進出も漸増していくとの予測があるだけに、国内の生産や雇用への悪影響が顕在化されかねない。

表3－8　関連主要国における海外直接投資残高の名目GDP比率

	韓国	日本	米国	台湾	EU	途上国	世界全体
1980	0.2	1.8	7.8	0.2	6.1	6.2	5.4
1985	0.5	3.2	5.7	0.3	10.2	7.2	6.2
1990	0.9	6.6	7.5	8.0	11.6	9.6	8.4
1995	1.6	4.5	9.5	9.5	15.0	11.3	9.9
2000	11.1	5.8	13.2	15.9	40.1	22.1	19.6

資料：UNCTAD（2002）.

韓国の海外直接投資残高は、表3－8のようにIMF通貨危機までは海外直接投資の流出や流入ともにきわめて少なかった。海外直接投資（流出基準）残高のGDP比率は、一九八〇年〇・二％、一九八五年〇・五％、一九九〇年〇・九％で、一九九五年一・六％であった。つまり、発展途上国の平均および世界全体の平均との大きな隔たりが見られる。

地域別分布では、表3－9のように一九九〇年以降先進国への投資より途上国への投資が相対的に高く、全体の投資残高に占める途上国の割合が一九九〇年の四四・九％から二〇〇一年には五六・三％に増加している。とりわけ中国への投資は一九九二年の韓・中修交をきっ

表3－9　地域別海外直接投資残高の推移

（単位：億ドル、％）

	1980	1985	1990	1995	2000	2001	CAGR
先進国	0.4	2.7	12.7	43.8	104.2	125.4	25.7
米国	0.3	0.9	8.0	27.1	75.6	79.1	26.3
EU 諸国	0.04	0.6	0.6	8.3	15.8	32.7	47.5
日本	0.02	0.1	0.3	2.3	4.5	5.3	29.0
途上国	0.9	1.9	10.3	59.0	163.9	131.4	30.1
中国	0.0	0.0	0.2	19.1	46.6	43.9	72.4
東南アジア	0.3	0.9	5.9	22.5	50.8	49.3	24.6
中南米	0.04	0.1	1.5	3.4	26.6	27.1	33.4
CIS・東欧	0.01	0.03	0.6	5.8	19.9	20.3	43.8
全　体	1.3	4.6	23.0	102.7	268.1	286.9	27.9

注：先進国のカテゴリーは北米、西ヨーロッパ諸国、日本、ニュージーランドおよびオーストラリア。
資料：韓国銀行。

表3－10　産業部門別海外直接投資の推移

（単位：％）

	1980	1985	1990	1995	2000	2001	CAGR
軽工業	28.1	28.3	32.4	28.2	22.0	21.3	28.6
重化学工業	54.9	63.2	63.5	66.5	73.7	74.5	31.4
その他	17.0	8.5	4.1	5.3	4.3	4.2	31.6

注：その他は家具および玩具など。CAGR（図表2－9、10）は1990～2001年までの年平均伸び率。
資料：韓国銀行

かけに一九九四年より急増しはじめ、一〇年間年平均七二・四％伸びてきた。一九八〇年代後半からの米国への投資は貿易摩擦を回避するのが主たる目的であった。産業部門別では、中国と東南アジア地域への投資は、製造業が各々八四・〇％、六四・八％を占める一方、米国や欧州への投資は貿易業などのサービス業が製造業より高い。なお、ほとんどの地域において、重化学工業の割合が軽工業より高いことも特記すべきであろう。地域別の投資動機の調査結果（韓国・産業資源部　二〇〇二a）によれば、中国などの途上国への投資は、生産コストの節減や現地市場の確保のための投資が多い一方、先進国への投資は主に現地市場の確保を目的にしており、輸出促進、経済ブロック化および貿易障壁への対応も重要な動機となっている。

産業部門別には表3－10のように重化学工業が軽工業より二～三倍上回っており、またその傾向も二〇年間維持されてきた。また軽工業部門より重化学工業部門の伸び率が高く、重化学工業部門のなかでも電子通信装備産業における海外直接投資が急増してきた。つまり、一九九〇～二〇〇一年の期間中、年平均で四八・三％伸びており、製造業の投資に占める割合が一九九〇年の七・一％から二〇〇一年三三・六％へ急増した。その内訳は、電子部品が一九九〇年二・二％から二〇〇一年一二・六％へ、映像音響機器が各々一・九％から一一・九％へ大きく伸びる一方、家電製品部門が二・〇％から七・四％へ、通信機器部門が〇・九％から一・五％へ伸びている。

(2) グローバルな産業連携と製造業の空洞化現象

韓国の製造業における工場の海外移転、いわゆる空洞化現象が加速化している。コスト削減や海外市場の開拓などが主な目的で、製造業者のほとんどが移転先として中国を想定している。グローバルな競争力を高めるためには欠かせない戦略ではあるが、日本のような「空洞化」現象をもたらしかねないとの懸念も広まっている。(13) 一九八〇年代末急激な賃金上昇や企業環境の悪化により台頭しはじめた製造業における海外投資が近年急増しており、国内設備投資に比べた海外投資の規模が一〇％に近づいている（図3－5）。

図３－５　韓国の製造業における海外投資の件数および規模

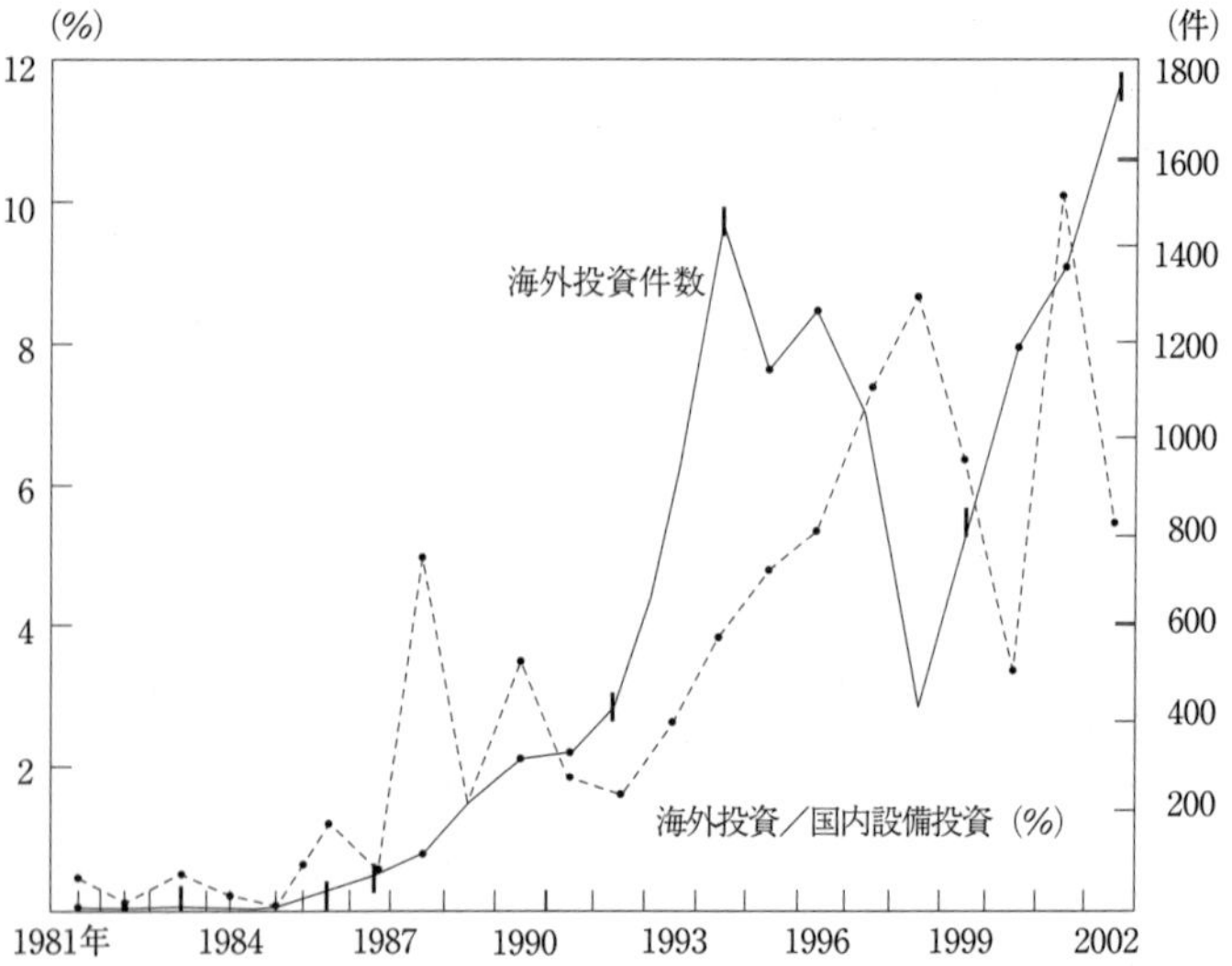

注：海外投資件数は届出基準による。
資料：韓国銀行。

韓国における海外への投資が増えはじめたのは、図３－５のように一九八〇年代後半からであるが、これは韓国の対米輸出比率が低下を始めた時期で韓国と米国間の貿易摩擦がきっかけとなった時期でもある(14)。輸出に対する環境的制約が強まる中で、韓国から北米へ自動車、鉄鋼、家電、繊維分野の海外直接投資が増加し(15)、一九八〇年代後半韓国における北米向けの投資規模は海外直接投資の約半分を占めるに至った。一九九〇年代以降は趨勢的に海外直接投資が増え続けてきており、とりわけ中国への投資が本格化した一九九四年は大幅に増加している。韓国の輸出相手国シェアの推移をみると、一九八〇年代後半以降、アジアとの連携が深まってきた。これは、韓国経済がアジア内の産業連携ないし分業構造に組み込まれていったことの表れといえよう。大韓商工会議所（二〇〇二）によれば、ソウル地域の企業（大企業四七社、中小企業一六六社）を対象に行った調査で、回答企業の四四・一％が生産拠点をすでに海外に移転しており、三三・八％は移転を計画中であるとされている。生産拠点をすでに移転したという企業も四社に三社の割合で追加的な移転計画を立てている。つまり、全体の六七・六％が新規または追加で工場の海外移転を計画していることになる。海外への移転の時期について、七六・三％の企業が「三年後に」と答え、二〇〇五年ごろからは工場の海外移転現象が本格化する見通しだ。海外移転を「二～三年内に推進する」との回答も一八・一％に達した。日本と同じく、産業空洞化が発生する可能性については、企業の四九・五％が「向こう四～五年内に発生する」と予測した。「五～一〇年内に発生する」という回答も四〇・七％に達しており、また生産拠点を海外にシフトした企業の四二・六％が「国内での雇用を減らす」計画であるため、今後発生する産業空洞化が雇用減につながると推察される。なお、海外移転の理由については、「コスト削減」（三五・六％）と「労働力の確保」（二七・一％）をあげる企業が多かった。また回答企業の八六・八％が「国内の経営環境が改善しても、海外移転を推進する」とし、海外移転は避けられない流れであることがうかがえる。要するに、韓国は所得が一万ドル程度で推移している状況で、製造業の空洞化があまりにも急速に進んでおり、製造業の空洞化が技術の空洞化につながりかねない。

ところで、韓国の製造業における空洞化についてはいわゆる脱産業化現象と重なっている側面を見

表3－11　関連主要国における製造業の経済的位置づけ

（単位：％）

	韓国	日本	米国	イギリス	ドイツ
GDPに占める製造業の輸出比率	35.2	8.9	6.6	19.2	19.2
全体就業者に占める製造業の比率	26.0	20.3	12.7	14.9	22.4
全体付加価値に占める製造業の比率	29.6	19.7	14.1	16.7	22.2

出所：大韓商工会議所。

逃してはならない。脱産業化（de-industrialization）は製造業部門の相対的割合が持続的に下落し、サービス産業の割合が増加していく現象を指す(16)。たとえば、横断的な統計ではあるが、二〇〇三年六月の場合、製造業の新設法人数は前年同期に比して約二〇％減っているものの、建設やサービス業は各々一四・二％、三・五％増えている。現実的に脱産業化は、雇用と実質生産の二つの側面から捉えられる。韓国の製造業における雇用は一九八九年二八％を頂点に、その後持続的に下落、二〇〇一年現在二〇％水準である。特に、一九九〇年代以降製造業が生産および雇用に占める割合が急激に下落しており、また近年製造業を中心に海外直接投資が持続的に増え、製造業の空洞化ないし脱産業化の問題が提起されている。一般的に脱産業化は経常収支、成長潜在力だけではなく、失業、所得分配など経済社会構造全般に広範な影響を及ぼす。一方、サービス産業の就業者の割合は一九七〇年代中盤以降持続的に上昇してきており、二〇〇一年現在全体の就業者の約六二％を占めている。

このようにグローバルな産業連携の加速化に伴う製造業における空洞化は、韓国経済に占める製造業の経済的位置づけ（表3－11）により、その傾向が本格化されるだろうと予想される四～五年以降持続可能な発展基盤が失われてしまうのではないかといった課題を投げかけているといえよう。

4 持続可能な発展に向けて

韓国の盧武鉉政権は、今後の経済政策の基調についてこれまでの米国および日本との関係よりも、むしろ中国やロシアとの関係を重視するいわゆる「大陸志向」に転換していくと標榜している。つまり、大陸との協力関係を強め、中国の成長やシベリア開発に積極的に参画し、さらに北朝鮮との共助と共存を基本政策に揚げている。しかし、中国の追い上げや日本との競争など現在の韓国経済を取り巻く環境は厳しさを増しているなか、中国要因と日本要因、両要因をダイナミックに活かしていく方向が持続的な発展の可能性を秘めているのではないかと考えられる。韓国経済はこれまで価格競争力や組立加工技術を活かすことで日本をキャッチアップする立場であったが、一九九〇年半ば以降中国の急速な追い上げによって、持続的な発展に向けての構造転換や競争力の強化が急務となっている。とりわけＩＴ分野においても韓国が現在の経済的地位を失う可能性が出てきており、家電分野などの得意分野でもすでに生産高で世界トップとなった中国が韓国に対して優位に立っているという調査結果が出ている。

海外への生産移転や海外投資増加は、国内の産業空洞化につながるおそれが高いため、韓国は今後国内にどのような輸出産業を育成すべきかが大きな課題となっている。韓国はこれまでの組立加工型産業から、技術・知識集約型産業へのシフトしていくことが求められている。これは同様の戦略をとっている日本との競合が強まることを意味しており、韓国経済がＩＭＦ通貨危機に見舞われた背景要因の一つでもあった日本経済との競合度にどう対応していくのかがきわめて重要な課題となっている。つまり、韓国経済にとっては日韓の経済関係が単なる競合に終始するものではなく、産業連携の深化のための枠組みを模索しなければならない。たとえば、日本の基盤技術と韓国の組立加工技術の結合により生まれた半導体や携帯電話端末機の事例は、韓国経済の競争力強化に対して少なくない示唆を与えるのではないかと考えられる。

注

（1）ＴＦＰは一九五七年ソローによる著名な論文によって注目を浴びた。経済成長の要因として資本と労働およびそれらの生産要素以外の要因（いわゆる「Solow Residual」と呼ばれる残差の部分は経済成長に関する多くの要因が交じり合っている）があげられる。その他の要因、つまり全要素生産性または技術進歩と捉えられるが、ソローの計測が注目されたのは、このＴＦＰが米国の経済成長要因の過半を占めるという点にある。

（2）イノベーション・レントとはＮＩＥｓや途上国にとって先進国の無形資本を導入するにかかる相当のコスト（ロイヤルティ、ライセンス・フィー、維持保守契約、クロス・ライセンシング等）をいう。

（3）まず輸出による産業の特化および大量生産は、国内市場の狭小さを切り抜け、規模の経済効果を享受することを可能にする。第二に、輸出による外貨の確保で資本財や中間財の輸入、さらに国内生産を拡大する。第三に、輸出は海外輸入を通して、外国の技術が伝播し、学習効果や技術に関する知識の拡散を促す。

第四に、国内市場の競争条件が改善される間接的な効果がある。第五に、輸出増加による外貨保有高の拡充に伴い、開放経済への進展などの効果も見られる。

(4) すなわち、輸出の拡大によって先端生産財の購入が可能となる(体化された技術の取得)、直接投資や技術ライセンス獲得のきっかけとなる、海外顧客からの情報を用いることができる、などの理由で生産性が向上するとされている。

(5) ただし、二〇〇一年には半導体価格の急落によりその割合は二二・五%に減っていることからわかるように、一部品目への高い依存現象がみられる。

(6) たとえば、日韓における部品・素材産業へ「輸入依存度」を比べれば、投入産出分析による部品・素材への依存度は韓国の二七・四に対し、日本は六・七である(両国ともに一九九五年)。ここで輸入依存度とは、総投入に占める輸入中間財の比率をいう。また、韓国の輸入依存度は増加する一方で一九九八年までは減っておらず、一九九〇年二六・一、一九九五年二七・四、一九九八年三一・九(韓国銀行の資料による)である。

(7) これまで韓国はDRAMを中心としたメモリ半導体に特化し、技術的に先行する日本を追い上げる形で半導体を発展させてきた。韓国のDRAM部門におけるシェアが世界最大の約四〇%となった一方で、ライバルであった日本の半導体メーカーではDRAM部門からの撤退や本体からの切り離しなどが行われていることは、韓国の半導体産業が一つの到達点に至ったことを示しているといえよう。

(8) 電子産業ないしIT産業における参入障壁は大別して四つに分けられる。第一に、生産関連の規模の経済効果にかかわる障壁である。これは学習効果、範囲の経済効果をも含めている。第二に、知識や核心力量(コア・コンピタンス)の基盤および関連サポート・サービスを開発するための無形資本への投資にかかわる障壁である。第三に、請負ないしOEM協定のような供給者ネットワークへの参入や撤退にかかわる障壁である。第四に、マーケティングおよび販売管理にかかわる障壁である。後発国としての韓国の電子産業、特に半導体においては第一と第四の参入障壁は部分的に乗り越えていると考えられる。しかし、第二の要因については取り組んでいる段階であるといえよう。

(9) 本稿で海外直接投資というのは、一国の企業が輸出市場の確保や生産コストの節減、あるいは先進国の経営技法および産業技術の獲得などのために、海外に現地法人を設立するとか、外国に投資することである。現行の外国為替取引法における海外直接投資は、①一〇%以上の株式取得あるいは持分出資による現地法人の設立、②現地法人に対する償還期間一年以上の金銭貸与、③技術の提供あるいは共同研究開発契約の締結、④個人事業のための投資、⑤海外資源開発事業あるいは社会間接資本の開発のための投資などを含め、現地法人に対する経営参加を目的とする点で、配当、利子収入およびキャピタル・ゲインなどを目的とする外国の証券を取得する海外株式投資とは区分されている。

(10) より厳密に分類すれば三つに分けることもできる。つまり、海外直接投資が輸出入や貿易収支に及ぼす経済的効果は、「輸出誘発効果」、「輸出代替効果」および「逆輸入効果」などに分けられる。①輸出誘発効果は、現地法人に所要される新規生産設備や生産のための原資財および部品などを母国の企業から輸入することにより投資国の輸出が増加する効果として貿易収支の改善につながる。②輸出代替効果は現地法人の生産した製品が現地ないし第三国市場で母国の企業の輸出と衝突・代替する効果である。③逆輸入効果は現地法人の生産した製品を国内に輸入することにより母国の貿易収支の悪化につながる効果である。こうした経済的効果は、投資の動機や経過期間により異なる。まず、現地の低廉な労働力や資源を活用し、生産コストを節減するための投資の場合、現地法人に対する母国の資本財や原資財・部品の輸出誘発効果が大きく現れる。しかし、現地市場の確保や貿易障壁の回避などを主たる目的とする海外投資の場合、母国企業の輸出が海外現地法人の販売によって代替される輸出代替効果が相対的に大きくなる。一方、生産費が低い海外で製品を生産、国内に輸入することを主たる目的とする海外投資において逆輸入効果は大きい。海外直接投資を動態的に捉えると、投資の初期段階では資本財や原資財・部品などの輸出誘発効果が大きいものの、時間の経過により現地法人の生産や販売が軌道に乗り始めれば、輸出代替効果も、また逆輸入効果も大きくなるのは一般的な現象である。

(11) ただし、製造業の現地法人の現地販売や第三国輸出の一定の部分は輸出誘発効果と輸出代替効果として捉えるものの、両者の相対的大きさを分離することは難しい。

(12) ソ・リ（二〇〇二）および Lee (2002)。

(13) インターネットの検索エンジンによるキーワード検索結果からも現状の一端がうかがえる。たとえば、二〇〇三年一二月時点で行った日韓の google での検索結果は次のようである。日本のサイトにおける検索件数は、「空洞化」が一三万七〇〇〇件、「製造業」＆「空洞化」が一万九六〇〇件に達している一方、韓国のサイトでは、「空洞化」が七〇四〇件、「製造業」＆「空洞化」が三〇七〇件にとどまっている。インターネットという限られた空間での調査結果ではあるものの、韓国では若者の高い失業率および中国要因などにより空洞化への関心がこの二～三年の間に高まってきているといえよう。

(14) たとえば、米国は韓国に対して通商法三〇一条の発動や一般特恵関税制度（ＧＳＰ）の適用除外等を行い、韓国側も鉄鋼製品の対米輸出自主規制等の措置で対応している。

(15) 当時北米への投資の多くは、米国への迂回輸出または現地生産を目的としている。

(16) 脱産業化は、イギリス経済の根幹を成していた鉱工業の割合が急激に下落した一九七〇年代の経済状況から生まれた概念である。一九八〇年代アメリカにも類似した現象が再現し、本格的な研究がなされるようになった。当時、脱産業化の原因に関する議論は、主に製造業における生産高の割合の変化を中心に行われたが、その後、脱産業化の判断基準として実質生産割合の変化が提起された。また、近年の研究としては、ローソーンとラマスワミー（Rowthorn and Romaswamy 1997）が脱産業化を総就業者に占める製造業部門の雇用の割合が下落する現象と定義している。

【引用および参考文献】


奥田聡（二〇〇〇）、「韓国の輸出とその役割」、谷浦孝雄編『二一世紀の韓国経済：課題と展望』アジア経済研究所。

北真収（二〇〇二）、「中国市場を指向した共生型製造モデル：日中企業間連携の模索とマネジメント上の留意点」、『開発金融研究所報　第一一号』国際協力銀行開発金融研究所。

黒田篤郎（二〇〇一）、『メイド・イン・チャイナ』東洋経済新報社。

三和総合研究所調査部（二〇〇二）、「転換期を迎えた韓国の輸出構造：ともに深まる日韓の競争と協力」、三和総合研究所。

世界銀行（一九九八／九九）、『世界開発報告一九九八／九九：開発における知識と情報』東洋経済新報社。

日本政策投資銀行（二〇〇一）、「マニュファクチャリング・イニシアティブ調査・提言：製造業に視点を置いた日本経済活性化の道」日本政策投資銀行・産業技術部。

野村総研（二〇〇二）、『知識経済化するアジアと中国の躍進』野村総合研究所。

ブロードバンド国家戦略研究会（二〇〇三）、『ブロードバンド国家戦略』ＮＴＴ出版。

桝山誠一（二〇〇一）、「知識経済化とアジアの新産業地理」、『知識資産創造』（九月号）、野村総合研究所。

丸山・佐護・小林（一九九九）、『アジア経済圏と国際分業の進展』ミネルヴァ書房。

張秉煥（二〇〇〇）、「北東アジアにおける情報技術の拡散と知識基盤型経済の展開」、宇野重昭・増田祐司編『北東アジア地域研究序説』国際書院。

張秉煥（二〇〇三）、「ＩＴ革命と東アジア経済」、平川均・石川幸一編著『新・東アジア経済論：グローバル化と模索する東アジア』ミネルヴァ書房。

柳川範之（二〇〇一）、「情報技術の発展と経済活動：経済理論的分析」東京大学。
M. Borrus (1997), "Left for Dead: Asian Production Networks and the Revival of US Electronics", *BRIE*

Working Paper 100, University of California at Berkeley.

M. Borrus, D. Ernst and S. Haggard, eds. (2001), *International Production Networks in Asia: Rivalry or riches ?,* Routledge, New York.

W. Easterly, et al. (1993), "Good policy good luck ? : Country growth performance and temporary shocks", *Journal of Monetary Economics 32.*

D. Ernst (1997a), "Partners for the China Circle? : The Asian Production Networks of Japanese Electronics Firms", *Danish Research Unit for Industrial Dynamics Working Paper.*

D. Ernst (1997b), "From Partial to Systemic Globalization: International Production Networks in the Electronics Industry", *BRIE Working Paper 98,* University of California at Berkeley.

S. Gu and W. Edward Steinmueller (2002), "National Innovation Systems and the Innovative Recombination of Technological Capability in Economic Transition in China: Getting Access to the Information Revolution", *Discussion Paper Special Series: Information Revolution and Policy Implications for Developing Countries.*

C. H. Kwan (2002), "The Rise of China and Asia's Flying-Geese Pattern of Economic Development: An Empirical Analysis Based on US Import Statistics", *RIETI Discussion Paper Series 02-E-009,* RIETI, Japan.

L. J. Lau (2000), "The Impact of the New Economy on Developing Countries", Stanford University.

L. J. Lau (2002), "The Sources of Long-Term Economic Growth", Stanford University.

C. S. Lee (2002), "Korea's FDI Outflows: Choice of Location and Effect on Trade", *KIEP Working Paper 02-07.*

G. Linden (1998), "Building Production Networks in Central Europe: The Case of the Electronics Industry", *BRIE Working Paper 126,* The University of California, Berkeley, USA.

R. Rowthorn and R. Ramaswamy（1997）,“Deindustrialization: Causes and Implications”, *Staff Studies for the World Economic Outlook,* Washington: IMF.
T. J. Sturgeon（1999）, “Networked-Led Development and the Rise of Turn-key Production Networks: Technological Change and the Outsourcing of Electronics Manufacturing,” in G. Gereffi, F. Palpacuer and A. Parisotto eds., *Global Production and Local Jobs,* International Institute for Labor Studies, Geneva.
UNCTAD（2002）, *World Investment Report 2002: Transnational Corporations and Export Competitiveness.*
World Bank（1993）, *The East Asian Miracle: Economic Growth and Public Policy,* World Bank Policy Research Report, Oxford University Press（白鳥正喜監訳『東アジアの奇跡：経済成長と政府の役割』東洋経済新報社、一九九四年。

韓国語文献および資料
大韓商工会議所（二〇〇二）、『企業の生産拠点の海外移転の実態及び計画』。

大韓商工会議所（二〇〇三）、「国内製造業における空洞化の現状と示唆点」。

シン・リ（二〇〇三）、「韓・中・日製造業の競争力の比較分析と政策的示唆点」産業研究院。

ソ・リ（二〇〇二）、「海外直接投資の経済的効果分析」、*Monthly Bulletin*（Baok of Korea）, October, 2002.

韓国銀行『海外投資統計年報』関連各号。

韓国輸出入銀行（二〇〇一）、『わが国の海外直接投資の現地法人における経営現況の分析』。

韓国・産業資源部（二〇〇二a）、『海外投資企業実態調査』。

韓国・産業資源部（二〇〇二b）、「デジタル電子産業の発展戦略」。

4 日中韓のＩＴ産業を中心とする新しい国際分業の方向

原田　泉

はじめに

日本の近代的経済発展は、一八八〇年代から始まったとされているが、ＮＩＥｓ（香港、台湾、韓国、シンガポール）の輸出志向型発展は一九六〇年代から、またＡＳＥＡＮ諸国（タイ、マレーシア、フィリピン、インドネシア）は一九七〇年代にこれに続いた。一方、中国は一九八〇年代の初めから、ベトナムを筆頭にインドシナ半島のカンボジア、ラオス、ミャンマーといった国々は一九九〇年代に経済開放政策をとり、社会主義計画経済から市場経済への移行を始めたのである。

その後、一九八七年から一〇年間には、九〇年代の日本を除いて、これらの東アジアの国々がいずれも高度成長を続け、「東アジアの奇跡」（世銀報告）と呼ばれる状況となった。ここでの経済発展は、労働集約的な軽工業化が先行し、資本技術集約的な金属、機械、化学といった重化学工業がそれに続く形態をとり、先発国から後発国へと順を追って経済発展が移転していく雁行形態的発展をとったのである。

他方、冷戦構造の崩壊は、それまでの米ソ両大国による世界体制、すなわち経済的には資本主義経済体制と社会主義経済体制の世界二極体制を、基本的に資本主義世界経済体制へと移行させ、市場主義と自由貿易を原則とする経済的なグローバリゼーションをもたらし、資本と商品の国境を越える移動を世界中で可能とした。一九九〇年代のパラダイムは、グローバリゼーションであり、グローバル化した資本主義こそが各国のとらなければならない唯一の選択肢となった。各国は、このルールに従うか、さもなければ、世界市場から大きく取り残されるかの決断を迫られることとなったのである。

各国が持つ、旧来の経済制度や経済システムは、このグローバル資本主義に適合するような形で改変され、政治と文化も市場主義の貫徹を支持するものとならざるをえなくなっている。

九〇年代には、日本、中国、韓国がともにこのグローバリゼーションへの対応をそれぞれ余儀なくされたのである。

日本にとって「失われた一〇年」といわれる一九九〇年代、バブル崩壊後の不況と経済低迷の長期化も絡んで、産業の空洞化が進み、世界経済のグローバル化と市場経済化の進展を背景とした日本企業の海外進出と国際調達が一段と進んだ。これに対し、中国は着々と「世界の工場」としての地位を固めていった、香港、広東省を中心とする華南地域を中心とした労働集約的産業はもとより、上海周辺の華東地域における技術集約的産業、また華北地域では北京の中関村に代表される知識集約的、ソフト・ハイテク産業の集積も進みつつあり、他のアジア諸国と違って一国内でのフルセット型の産業構造を備えつつある。

現在中国のフルセット型産業構造は、一つには、八〇年代後半からの衣料品に代表されるような輸出指向型労働集約的製品の加工生産拠点としての重要性が減じぬまま、家電から情報通信機器までの技術集約的製品の生産拠点としての優位性までを併せ持つようになったということであり、もう一つには、中国の国内市場への参入を目指す世界の多国籍企業が、単なる加工組立て拠点のみならず、各社の本格的なR&D拠点をも設立し、結果として、その企業内のR&D、設計、部品資材調達、加工組立、ロジスティックスという一貫したフルセットの製品管理（開発、生産、販売、メインテナンス）機能が中国国内に構築されてきているという二つの面があるのである。

さらにグローバル化で米欧の経営手法を学んだ若い中国の企業家たちが、きわめて競争力の強い企業をつくり上げ、国際舞台に登場してきている。今後、政治的安定が続き、金融や諸制度、産業インフラが順調に整備されれば、資本と労働力は増え続け、技術はさらなる生産移転と優秀な技術者による開発で蓄積されていき、中国の発展は、継続的に続いていくであろう。

このような中国の急成長は、東アジア経済の推進にとっての強力なエンジンとなると同時に、他の東アジア諸国に大きな不安感と脅威をもたらしてもいる面もある。

日本は、一九九〇年代に入って、国の構造改革が遅れ、企業もグローバル化と情報化による大競争の中で、世界的な最適地生産、コア事業への集中、情報武装による効率経営、高収益経営といった環境変化への対応が鈍かった。その結果、いわゆる「失われた一〇年」となってしまったのである。いまでは、国内市場に安価で良質な中国製品が流入して、競合する国内製造基盤を切り崩し、国内企業は自己防衛のため中国に製造拠点を移さざるをえない状況が形成されているのである。この過程で国内の製造業での雇用が失われ、デフレが進行していき、中国製品の輸入急増に加え、日本企業の現地生産の拡大が貿易黒字の減少をもたらしている。こうしたことから「中国脅威論」が台頭し、国内産業保護や「元」の切り上げへの要望も強まっているのである。

一方、一九八〇年代後半以降、従来の労働集約的な伝統製造業のほかに半導体、IT等の先端分野でも台湾、香港および東南アジア資本の中国進出が増加し、中国－アセアン自由貿易協定が推進され、東南アジア工業化の主要資金源であった日本企業の投資も中国に向けられ、日本企業の対中国技術移転とアジア企業の対中国投資等がアジア全体の産業構造に変化をもたらし、アジアの域内産業移転と産業構造調整が進んでいるのである。このことは、韓国、中国、日本間の競争力格差が縮まり、選択と集中現象がより一層進むことも意味している。現在、韓国、中国、日本は技術水準の格差による産業内分業化がなされている面があるが、今後この国際分業関係が変化していくことは必至であろう。

二一世紀になり、九〇年代の冷戦崩壊以降の米国一極集中のグローバル経済への調整時期を経過して、日本、中国、韓国が、今後いかなる形でこれまでの国際分業とは異なる経済関係を構築し、そこで日本はいかなる関係を中国や韓国と結ぶべきかを考察したい。

1　発展する中国

(1)「世界の工場」かつ「世界の市場」中国

中国への海外からの直接投資導入件数は、一九九二年の鄧小平氏「南巡講話」後の九三年をピークとして、九九年までは一貫して減少を続けてきた。しかし、二〇〇〇年になると前年比三一・八％増の二万二五三三件、契約金額ベースでも六二六億五七〇〇万ドル（前年比五〇・八％増）と急伸した。

さらに中国政府は、二〇〇二年四月に外国企業の投資のガイドラインである「外商投資産業指導目録」を改定し、投資を奨励する項目数を八六項目から二六二項目に増加させ、制限項目を一一二項目から七二項目に減少させた。同時にWTO加盟時の、議定書に基づき、各分野における投資規制緩和を段階的に進め、この結果、二〇〇二年における中国の対外直接投資受け入れ額は堅調な伸びを示し、新たに三万四一七一件の投資案件が批准され、契約ベースでは前年比一九・六％増の八二七億六八〇〇万ドル、実行ベースでは同一二・五％増の五二七億四三〇〇万ドルとなっている。また、同年末までに、金融業界を除いた対外直接投資総額は二九九・二億ドルとなっている。

国務院商務部が発表した最新統計データで、二〇〇三年一～一〇月、中国が新たに設立を認可した外資系企業は三万二六九六社となり、前年同期と比べて一七・九九％増となり、契約ベースの外資導入額は八八六・八三億ドル、同三三・七五％増、実質ベースでは四三五・五六億ドルで、同五・八一％増を示している。二〇〇三年一〇月末までで、中国が設立を認可した外資系企業の総数は四五万六八九二社に達し、契約ベースの外資導入額は九一六七・四三億ドル、実質ベースでは四九一五・二二億ドルとなった。

二〇〇〇年以降、対中投資が増勢に転じたのは、中国のＷＴＯ正式加盟（二〇〇一年一一月）を前に中国市場への参入を目指しての増加に加え、一つには米国のＩＴ不況後、上海周辺を中心とする電子電機製品の生産拠点の発展によって、中国の競争力がこれまでにも増して認められはじめたことによる。米国発のＩＴ不況後も、世界の電機通信大手、あるいはＥＭＳ企業は、中国の華南地域はもちろん、上海を中心とする華東地域にも進出を加速化させ、この分野の「生産センター」としての地位が確立していったのである。

さらに対中投資の急増は、部品産業の裾野の拡大と高度化を必然的に引き起こすものと考えられる。金型やプラスチック成形産業ではすでに以前から活発な対中技術移転が実施されてきたが、今後は自動車部品などの分野でも、独資あるいは五〇％以上の出資による合弁形式での有力部品メーカーの進出がすすむであろう(1)。その結果、金型産業で言えば、基本設計・ＮＣ機械加工・熱処理・仕上げ工程といった工程も、コスト要因から徐々に日本企業から中国企業へと移管されていくであろう。

繊維や玩具、雑貨といった軽工業部門ではすでに「世界の工場」になっている中国であるが、最近では機械、電子、石油化学、自動車、建設等の製造業でも順調な成長を遂げ、情報通信、生命工学、新素材、宇宙航空等のようなハイテク産業もこれに伴い飛躍的に成長しているのである。特に、世界的な不況とIT産業の不景気の中にあっても、順調な成長を見せる中国のIT産業は、中国全体の工業生産を主導している。その中でも携帯電話、モニター、音響機器等の製品の生産および販売は持続的な成長を維持し、中国ITブランドの市場占有率も徐々に拡大しており、これに伴って、中国国内IT製造業者の集団化、集中化が進み、企業間の構造調整も進んでいるのである。

たとえば、中国のコンピュータ市場は一九九〇年以降、三〇％以上の高速成長を維持し、経済成長による所得水準向上とインターネット使用者の急増により、最近数年間、高速成長を記録している。二〇〇〇年のコンピュータ生産額は二七九八億元、コンピュータ製品の販売額は二一四九・五億元に達し、モニター生産量を四五〇〇万台以上に引き上げ、年間コンピュータ販売規模は七〇七万台に達している。また二〇〇一年にはコンピュータ生産額が三四〇〇億元となって前年比二一・四％の増加、コンピュータ販売額は二五〇二億元で前年比一八・八％の増加となり、二〇〇二年には、中国のコンピュータ市場は一一七〇万台となって、日本に次ぐアジア最大の市場に成長したのである。世界経済の不況の影響もあって、全体的に下降気味であったIT産業の中で、コンピュータ市場は国内需要が増加して持続的な成長を維持することができたのである。

また、中国のコンピュータ市場では、次第に強力なデータ処理能力を持つ家庭用PCが生産され、ブロードバンド（高速データ通信）が普及していくにつれ、コンピュータ市場の成長速度は、さらに

表４－１　移動電話加入者数の趨勢

（単位：万人、％）

区分	移動電話加入者	前年比増加率
1990	1.83	—
2000	8,526	—
2001	14,522	70
2002	20,031	37.9

資料：『2003年　中国経済年鑑』から引用。

促され、発展が加速化している。ソフトウェア分野では、中国のコンピュータ市場の成長に伴って製品の販売比重が次第に大衆化しているが、一方では、中国政府の政策的な支援とともに、政府部署間のコンピュータネットワーク構築、電子取引、産業の情報化推進等の事業も加速化し、汎用品でないソフトウェア製品に対する需要も各分野で急速に拡大し、加えて既存製品のアップグレードも増加している。これにより、中国のソフトウェア産業は急速に発展しており、コンピュータ市場全体で占める比重も次第に大きくなっている。

一方、移動通信（ＣＤＭＡ）でも、中国は非常に魅力的な市場である（表４－１参照）。一九九九年末に加入者が四三二四万人で普及率四％を記録し、同期間に世界第三位の加入者を保有した。その後も急速な増加を遂げ、二〇〇一年七月末の中国の携帯電話加入者は一億二〇六〇万人で、アメリカの一億二〇一〇万人を追い越したのである。この年の上半期に中国の携帯電話需要は二一〇六万台で、主な購買需要は新規購買者が六八・四％、買い換え購買者は三一・六％を占めた。これは、中国が世界で移動通信の発展が最も早い国であると同時に、世界最大規模の移動通信国となったことを意味する。またこうした趨勢が持続するならば、二〇〇五年には携帯電話加入者数が三・五億人に達すると予測されている。

また中国の情報産業省によれば、二〇〇二年一／四分期の移動電話および固定電話使用者が三・五億人を突破し、このうち移動電話使用者は一六六八万戸増加して一億六一五〇万戸を記録したが、前年比で大幅に増加して、二〇〇二年度以来中国の移動電話新規加入者は毎月五〇〇万人を記録した。特に二〇〇二年二月の移動電話使用者は五八四万戸増加して最高の増加水準を記録し、二〇〇二年の集計結果は二億人を突破することになる。

今後移動通信事業においてCDMA方式を中核分野と決定し、二〇〇五年にはネットワーク規模を一億二〇〇〇万〜一億四〇〇〇万台に拡大して、このうちCDMA方式を六〇〇〇万〜七〇〇〇万台に建設する計画を持っており、中国のCDMA端末機市場は多国籍企業の積極的な参入により、相当期間、外国企業の激烈な競争の場となるものと予想されている。

現在の企業別端末機市場の占有率は、表4－2のとおりである。

表4－2　端末機の各企業別の中国市場占有率

順位	会社名	占有率（%）
1	モトローラ	26.70
2	ノキア	18.30
3	TCL	10.20
4	サムスン	10.0
5	シーメンス	7.80

資料：CCID『2003年　中国経済年鑑』より。

このように、中国における企業経営環境は、グローバリゼーションの進行による世界的な企業間競争が、中国の国内市場と世界市場の双方をターゲットとして、中国の沿海地域を中心として広く展開しているといえる。

以上のように、「世界の工場」と「世界の市場」という両面で、中国の存在が世界の他地域を圧して立ち現れてきたということである。

(2) 中国ＩＴ産業発展の三段階

中国のＩＴ産業は、膨大な潜在性をもつ国内市場が産業の成長に有利な条件を提供し、持続的な需要拡大、先進国企業の進出、海外の優秀な人材流入等により技術の習得および伝播が早い速度で進んでおり、今後その成長速度は一層加速するものと見込まれる。

一九九五〜二〇〇〇年の間に施行された第九次五カ年計画の期間中、中国ＩＴ産業は年平均三〇％以上成長し、中国の一〇〇大企業のうちソフトウェア、半導体、コンピュータ、通信等電子、ＩＴ関連企業が全体の七五％を占め、中国経済の成長軸が伝統産業からＩＴ産業を含む先端産業へと移りつつある。

また、中国政府は現在進行中の第一〇次五カ年計画において、ＩＴを基軸とした産業高度化戦略を実施しており、成長をつづける新興企業群も量産技術のみならず、高付加価値を産み出しうるコア技術の習得に向けた努力を続けている。

以上のように急成長している中国のＩＴ産業であるが、その発展を見ると、以下のような三つの段階がそれぞれ地域的中心を変え並列して現在も継続的に発展しているように見うけられる。

第一段階は、八〇年代深圳、広東省等の華南地域が中心となり、労働集約型のＩＴ部品生産の輸出用生産拠点として飛躍的な成長を遂げたものである。これは現在も続いており、たとえば広東省東莞には、台湾企業が集中しコンピュータ関連部品を生産しているほか、アモイ等での労働集約的な部品生産が行われている。

第二段階は、九二年の鄧小平氏による「南巡講話」を契機に始まった中国全体の市場経済化戦略のなかで、上海を中心とした華東地域（「揚子江経済圏」）が発展してきたことにある。

九〇年代以降、ＥＭＳ（Electronics Manufacturing Services: 電子機器受託製造サービス）等の電子部品・機器の生産拠点として華東地域、特に上海から南京にかけて連なる「揚子江経済圏」に国内外の企業が集中している。ＥＭＳとは、自社ブランド製品は持たず、外部企業の委託を受けて、工場（生産）機能に特化し、電子部品・機器の量産を行う企業のことで、多数のメーカーから委託を受けることで規模を活かし、より安価に製品製造ができるのである。米国で八〇年代に始まったアウトソーシングサービスの一形態で、米国ソレクトロン社等がよく知られている。また、最近のＥＭＳは、工場および要員の提供だけでなく、生産のスピードのほか、多品種少量生産や設計から出荷までも請け負うといった生産工程に付加価値を提供するサービスも行っており、いわゆる「下請け」や「ＯＥＭ」（Original Equipment Manufacturer: 相手先ブランドによる製造）が、あくまで委託先との部品・製品の売り買いである点で異なっている。

中国の開発区は、深圳や広州市の周辺のいわゆる華南地域からその隆盛は始まった。現在でも、この華南地域の生産拠点を背景に多くの企業は香港にＩＰＯ（International Procurment Operation：国際部品調達業務）を置き、電子部品の調達を行っている。ここでは、一般的には労働集約的な作業が中心で、家電の組み立て等に優位性を発揮してきた。内陸地域から、二～三年間の単位で出稼ぎに来ている若年労働者が多く、その質は必ずしも高いとはいえない。最近になって、企業進出に飽和感がでてきており、治安の悪さや汚職、法外の徴税等の問題もあって、台湾や海外の直接投資が華南地域から華東地域へシフトしている。

華東地域の中でも「揚子江経済圏」には、多くの大学や研究所が存在し、優秀なエンジニアが現地で雇用でき、また、治安もよく、比較的質の高い労働者が近郊から供給できてことから、設計・開発を含む華南地域より一段レベルの高い電子部品・機器の「ものづくり」が行われているのである。

特にこの五年来、世界の情報化、中国国内でのインターネットや携帯電話の急速な普及に合わせるかのように、この地域が電子部品・機器の生産の拠点として大きく成長し、電子部品・機器の世界的製造ネットワークの一翼を担うまでに至っているのである。

また同経済圏にある昆山、蘇州、無錫の開発区では、はやくから先進的なインフラづくりを行っており、たとえば、通信ではＡＤＳＬや光ファイバーを敷設しブロードバンドの環境を提供し、通関も開発区ごとに電子通関を導入して、四時間から二四時間以内ですべての通関業務が現地で完了できるのである。

米国のＩＴ不況の影響で世界全体の電子部品・機器生産が減速する中、米国ソレクトロン社をはじめ、日本、欧米や台湾の主だったＥＭＳ企業やハイテク企業がここに進出し、生産規模拡大を続けているのである。(2)

これに加えて二一世紀に入ると、ＩＴ産業の第三段階としてソフトウェア産業、インターネット企業、IT関連の研究開発の発展が大きな可能性を見せている。

前述のとおりソフトウェア分野で中国は急成長しており、開発力もつけてきているが、この分野で圧倒的な優勢を占めているのが、後述する「中国のシリコンバレー」と呼ばれる北京の中関村周辺の地域である。日本のゲームソフトメーカーや韓国のネットゲームメーカーの中には、独自のプログラム開発拠点を北京に設ける企業が出てきており、また中国のソフトウェアハウスを外注先として利用する日本企業は、すでに数多く存在している。中国は、漢字文化圏ということで、アルファベットの国よりも日本語を含むプログラムの開発に適応力が高く、コンピュータの内部制御用プログラムだけでなく、画面や帳票など日本語表示が必要なプログラムも製造に有利な面がある。

最近では、ソフトウェア開発においても、より一層のコストダウンが求められ、また日本向けばかりでなく、中国市場の急拡大をターゲットとした製品開発の必要性も高まってきており、その際、設計・調達業務における中国拠点との国際分業が不可欠のものとなる。基本設計は日本で行うにしても、それを現地のニーズに合わせてカスタマイズする詳細設計は、中国市場を熟知し技術者の賃金が安い現地に任せる必要がある。または、日本側が実施してきた部品の調達の一部を現地化し、日中両国が連携しながら部品調達費を削減するのである。こうしたことで、中国市場に適合した製品を早く開発する体制を築き、低コスト化を実現させていくのである。中国を利用することで日本よりもはるかに多くのエンジニアを短期間で投入することができ、開発期間を短縮することが可能になるのである。工期の短縮とプログラムの信頼性確保が、日本よりも容易になるのであるが、このような日中間の国際分業を実現させた物的基盤が、インターネットによるテレビ会議等であり、その結果リアルタイムでのコミュニケーションによる日中間での円滑な協働（コラボレーション）が安価で可能となるのである。状況に応じて日本人エンジニア、日本にいる中国人エンジニア、中国にいる中国人エンジニアによる最適なプロジェクトチームを構成することが可能となり、単純なオフショア開発ではなく、協働による最適な開発体制をつくることができるようになったのである。

(3) 中国の「産学官連携」とベンチャー

日本の場合、製品の研究開発機能の大きな部分は企業のもとにある、これに対して改革開放政策以前の中国では、技術の研究・開発を行うのは、主に公的研究機関や大学が担っており、企業には、こうした機能はほとんどないといってもよい状況であった。しかし、これが改革開放後は、国有企業の改革が遅れる中、企業が開発能力をもつのではなく、むしろ開発拠点であった大学や公的研究機関が、自ら企業を設立して、そこで研究開発を行い、生産、販売まで行うようになってきているのである。すなわち、大学発のベンチャー企業（校弁企業）である。この背景には、八〇年代以降、国家財政逼迫により国から大学への財政援助が減少を続け、大学は自ら収入の道を確保せざるをえなくなり、多くの大学は付属の企業を設立して、その企業からの収入を新たな財源として大学経営を行わざるをえなかったこともある。

現在では、大学による企業やサイエンスパークの設立・経営がある一方で、企業による学院、大学等の設立など、大学と企業との境がなくなり、相互に乗り入れて産学連携が急速に進展して、米国以上に産学連携が活発であるといわれている。

このような科学技術の振興やベンチャー創出や産学連携は、政府の重要な方針でもあった。中国政府は、科学技術を早期に国際水準にまで引き上げ、最先端研究の人材育成のために、さまざまな優遇措置をとった。たとえば、国内の地理的な労働移動に関して戸籍制度などの障壁が存在するが、科学技術分野については例外的に扱い国内の限られた人材を適材適所に効率よく配分するばかりでなく、米国等、海外に留学している優秀な人材を呼び戻す政策をとっている。また政府は、資金面や居住環境でも優遇政策を実施し、各国の留学生組織と連携しながら就職斡旋活動も積極的に展開している。

一方、ハイテク産業の創出に有利な環境整備を目的とし八八年に「タイマツ計画」がスタートされた。この計画で五三の国家級ハイテクパークが設立され、二〇〇〇年末までのパーク内の企業数が二万社以上、従業員は二五一万人、総売上高も九二〇九億元となった。また、このパークは、中国全土に広がって、チベット、青海、寧夏の三自治区以外のすべての省、自治区、直轄市に存在し管理運営されているという。そのうえ、ベンチャー支援としては、ハイテクパークに併設されているインキュベーターがある。二〇〇一年末までに設立されたインキュベーターは日本の二倍以上の四六五カ所にのぼり、総面積七六八万平方メートルに達しているといわれている。その結果、設立された企業は一万五四四九社で従業員二九万二〇〇〇人（うち帰国者は四一〇〇人）、卒業企業は三八八七社、うち三二社が上場に至ったとされる。

一方で、中国政府は米国等の産学連携を調査・研究し、一九九六年には、大学から企業への技術移転を促進するための「科学技術成果移転法」が制定された。日本では、二年後の一九九八年になって同様の「大学等技術移転促進法」が制定されたのであり、法律だけを見れば中国のほうが二年早いことになる。

現在、校弁企業の数は五〇〇〇社を超えるといわれているが、そのほとんどが北京に集中しており、校弁企業による総収入も北京大学と清華大学の経営する企業集団が三割以上を占めている。

北京の中でも「中国のシリコンバレー」と呼ばれる中関村を中心とする科学技術パークにハイテクベンチャーは集中している。この地区の国内外企業は外資企業を含め、二〇〇〇年末現在で八二〇〇社に達し、そのうちITと関連ある企業が八〇％を占めている。中関村には、北京大学、清華大学、北京理工大学など七〇余りの大学のほか、中国科学院所属の電子研究院、コンピューティング技術研究所、半導体研究所、ソフトウェア研究所など二〇〇余りの政府科学技術機関が集中し、現在ここで働く研究者と技術者の数は八万人を超えている。米国のシリコンバレーのようなアカデミックなインフラとベンチャー企業の集積があり、学生や研究者のアイディアや技術を吸い上げる社会的なしくみがある程度存在しているのである。

一方、産学連携の代表的例である清華大学には多くの校弁企業が存在し、大学の教授がベンチャーキャピタルのトップを兼任していたり、校弁企業の社長を兼ねたりすることも一般的で、大学は優秀な大学教授を引き抜くために高額な年俸のほかに豪華なマンション等のさまざまな優遇を与えている。現在、清華大学の隣には内外からの共同研究要求に応えるため、また校弁企業を育成するために三〇ヘクタールの広大な土地に延床面積七〇ヘクタールの近代的なオフィス研究ビル群が二〇〇五年の完成を目指して建設中である。

大学によるとマイクロソフト、オラクル、IBM、サン等二〇〇社以上の外資系企業の入居がすでに決まっており、中国市場への参入と技術の現地化を行うための共同研究が主要テーマと言われている。特に外国企業との連携の場合、基礎研究よりも応用分野の研究開発に積極的であり、先進諸国の企業がもつ基礎技術をベースにした中国市場向けの製品開発などが中心となる。

今後、先進国のIT企業の研究開発拠点の中国現地化は、優秀な研究開発人材が豊富で、相対的にコストが低く、中国市場のニーズに迅速に対応でき、また、現地での企業イメージが高まるといった理由で、急速に拡大していくであろう。

一方、すでに清華大学の付属のサイエンスパーク（科技園）の出先機関は日本にも進出しており、日本の一部の大手メーカーは、インターンシップ制を導入するなどこれまでにない対中人材戦略をとりはじめている。

日本国内の産学連携はまだこれからの段階にあり、むしろ、日本の企業は米国の大学と同様に、中国の大学との「国際産学連携」を積極的に促進していく必要があろう。

しかし、発展するこうした中国におけるIT関連産業にも、問題はある。マネジメントを担う人材の不足、資本市場などの資金調達インフラ等の問題はもちろんだが、なにより、知的財産権保護の問題が重要である。今後、パッケージソフトなどの汎用的なソフトウェアをつくる中国企業が中国内の市場で成長するためにも、また外国企業とのより広範かつ密接な関係を築き上げるためにも、著作権などの知的財産権の法整備とそれが遵守されるような体制を構築することが何より必要だと思われる。

現在、中国のソフトウェア開発者は、自分の開発したソフトウェアをパッケージ化して販売するよりも、個別企業等のソフトウェア開発をやったほうがいいと考えている。なぜなら、パッケージ化して販売した翌日からそのコピーソフトが市場に出回り、商売にならないからであるといわれている。中関村の若者のなかには、苦労して独自のアイディアを生み出すよりも、米国のまねや日本のまねをし、また、最悪のケースでは、違法コピー等で安直に金儲けしたほうが賢いと思っているふしが見うけられる。こうした傾向は、中国の開発力を著しく低下させると思われる。

このような風潮に対し、中国では知的財産権分野の八つの法律ならびに関連の法律・法規三〇以上を含む法律・法規システムが整えられ、中国の特徴を活かした、司法と行政を組み込んだ知的財産権保護システムを確立したとしている。

中国で知的財産権を保護する機関としては、国家知識産権局、国家工商行政管理総局、国家版権局があり、それぞれ特許権、商標権、著作権の管理にあたっている。しかし、実際には特許を生かすための環境が成熟しておらず、特許技術盗用などによる知的財産権侵害が中国経済の発展を妨げることになっている。

以上のような状況に対し、二〇〇三年一〇月の中国共産党第一六期中央委員会第三次全体会議（第一六期三中全会）で、知的財産権制度の確立が採択され、国家レベルでの知的財産権保護が今後強化されていくことになった。このことがいかに実現されていくかで、今後の中国の経済発展が決まるといっても過言ではないと思われる。

2　韓国と中国の経済交流

(1)　韓国の経済発展とIT産業

一方、韓国は一九六〇年代以降、政府主導型の輸出指向工業化政策により経済発展をなし遂げ、一九九六年には「先進国クラブ」と呼ばれるＯＥＣＤ加盟を果たし、雇用も安定して、一九七〇年初頭は二〇〇ドル程度であった国民一人当たりのＧＤＰは一万ドルを越えた。しかし、この発展のすべてが順調だったわけではなかった。八〇年代末以降韓国経済は衰退の時期に入った。賃金暴騰と地価・利子率・物流費・行政費用等の急騰に起因する商品価格の上昇によって、国際競争力が減衰したのである。そして、ついに「東アジアの奇跡」と呼ばれた著しい経済成長の一端を担っていた韓国経済は、一九九七年末に、通貨の大暴落を端緒にデフォルトの危機に陥り、ＩＭＦの救済支援を受けるに至ったのである。

政府主導により、わずか三〇余年の間に工業化を達成し、先進国の仲間入りを実現したかのように見えた韓国経済だが、一九八七年以後の自由化・民主化により政府の国家掌握力が弱化したこともあり、また、韓国の労働集約型軽工業が中国・東南アジア諸国の追い上げで競争力を失ったことや、国内市場の対外開放、国内企業に対する政府支援と保護が撤廃されたこともあって、経済成長に息切れが見えたのである。また、この急速な経済発展の開発モデルは、一方では財閥をつくりだし、結果的に金融危機を招いてしまったともいえる。すなわち、財閥を中心とした金融政策と重厚長大産業への過大な投資で、経済の全体的な国際競争力が弱体化してしまったのであり、政府の積極的な市場介入により、企業は自己責任能力に欠け、問題が先延ばしされ、そのことが海外からの不信感を生んで、韓国経済の破綻であるデフォルト寸前まで追いつめられたのである。危機発生直後に約半分の商業銀行の自己資本比率が八%を下回るなど、危機の深刻さという点では、日本より深い面もあった。

その後、韓国では、金大中大統領の指導力のもとで一九九七年末の通貨・経済危機を克服するために、金融、企業（財閥）、公共部門、労働の四大改革等を推進し、一九九九年一一月には金大中大統領により通貨危機克服宣言が出された。そこでは、韓国産業の生産性向上に向けた抜本的な経済構造改革が取り組まれ、それまで社会規範であった集団主義や人間関係中心主義といった「儒教的」資本主義から、個人主義、市場主義、成果主義といった「欧米的」資本主義への軽換が図られたのである。特に、金融改革ではグローバル市場に合致する制度改革が進み、企業統治、労働市場の面では平等主義から離脱し、成果主義の徹底と能力主義の導入が進められた。

金大中政権が構想した知識基盤経済では、実物資本は産業資本から人的・知識資本へ、また経済主体は国家・企業（大企業）から個人・企業（中小企業）へ移行され、優れた人材と技術が結合したIT分野を中心としたベンチャー企業の活性化が図られた。

実際、韓国では二〇〇〇年前後にベンチャーブームが巻き起こり、急激な景気回復、IT革命の進展が見られた。

二〇〇二年一二月一九日に行われた大統領選挙では、盧武鉉氏が勝利し、二〇〇三年二月二五日に、第一六代大統領に就任した。

一方、以上のような韓国の経済再生の一翼を担ったのがIT産業だといわれている。特に韓国は、インターネットのブロードバンド化が世界一進んでいるといわれており、そのインターネットの普及にあっては、韓国政府の国家戦略が存在していたのである(3)。

一九九〇年代の初めまでは、韓国の情報化はアジア諸国の中でもシンガポールやマレーシアなどに遅れをとっていた。一九九五年「超高速情報通信網構築計画」が示されたが、転機となったのは通貨・経済危機であった。通貨・経済危機後の一九九八年に登場した金大中政権によって一九九九年に情報化の総合的な国家ビジョン「サイバーコリア21」がつくられ、韓国を世界一〇位以内のIT先進国にしようとの目標を立て、さまざまな施策で国全体の情報化が推進されたのである。このプロジェクトの結果、現在では韓国は世界最先端のADSL普及国＝ブロードバンド先進国となり、そこでのアプリケーションやサービスの開発、周辺産業への波及効果もあって、経済的に大きなアドバンテージが認められた。

韓国の場合、当初からインターネットの普及は、ナローバンドを飛び越えてブロードバンド（ADSL）だった。政府は、インターネット普及にあたり、光ファイバー、ケーブル・テレビ、ADSLを比較し、光ファイバーは敷設費用が高額になること、ケーブル・テレビは韓国では普及していないことを考慮して、ADSLを選択し、その普及促進にあたった。さらに韓国政府は、主婦一〇〇万人情報化計画のようなターゲットを絞った情報化教育のほか、国民PCやネットPCといった安いパソコンを郵便局で販売したり、「世界の一〇位以内に入る」という単純で国民にわかりやすい目標＝政策を掲げインターネットの普及に努めたのである。

また、第二電電にあたるハナロ通信をつくり、通信事業において競争政策の導入を図ってブロードバンド化の後押しをした。当初は、ハナロは、国営事業者である韓国通信にまったく太刀打ちできなかったものの、ADSLを月額三万ウォン（三千円）程度で提供することで、急激に顧客を獲得した。ハナロがねらったのは、都市部であり、特にソウルの住民の半分以上が住む高層アパートであった。建物の地下まで光ファイバーを敷設し、そこからアパートの中にADSLを引いたのである。

韓国情報通信省は二〇〇二年七月下旬、ブロードバンドサービス加入者数が同年六月末時点で全人口約四七〇〇万人の約二〇％にあたる九二一万人に達したと発表した。これによりブロードバンド普及率は韓国が世界一となったのである。

韓国においてこのような急速な普及率上昇を支えるのは、安価なサービス料金の実現、横並び意識が強く、教育熱心で新技術を好む韓国人気質に加え、PC房やオンラインゲームの流行があるといわれている。

しかし、一方では、問題点も指摘されている。それは、中国と同様、知的財産権の問題である。韓国のブロードバンドで流れるコンテンツの多くは、著作権を無視しているといわれており、一面では、このような状況がブロードバンドの急速な普及を後押ししたとも言われているが、是正する必要があろう。また、コンテンツに課金するシステムもすでに始まっているものの、全面的な導入にはまだ時間がかかりそうである。

筆者が二〇〇二年九月に韓国で関係各機関・企業でヒアリングした際には、今後五年間程度、すなわち二〇〇七年ぐらいまでは、ADSLレベルのインフラのまま、関連産業の成熟化と収益の拡大を図りたいとの見解が大半であった。韓国情報通信省も、ADSLは過渡期的なものであると認めつつも、当面この過渡期が続くと考えているようであり、一〇〇Mbpsレベルの光ファイバーインフラへの転換は当分ありそうにもない。

表4－3　省別投資累計（1992～2003年9月）

（単位：百万ドル、％）

	省	総投資金額	比率
1	山東省	2,111	28.2
2	江蘇省	962	12.9
3	天津市	912	12.2
4	北京市	730	9.8
5	遼寧省	680	9.1
6	上海市	599	8.0
7	浙江省	318	4.3
8	広東省	287	3.8
9	吉林省	212	2.8
10	黒龍江省	173	2.3
11	その他	494	6.6

資料：韓国輸出入銀行。

(2) 韓国企業の中国進出

韓中両国は一九九一年に代表部を開設し、一九九九

表4－4　韓国の対中国投資分野

（単位：件、千ドル、％）

業　種	投資件数	比重	投資額	比重
農林漁業	388	2.3	443,774	1.0
鉱業	144	0.8	2,679,212	6.2
製造業	10,554	62.0	22,905,545	53.0
建設業	340	2.0	764,900	1.8
卸小売業	2,578	15.1	9,469,680	21.9
運輸倉庫業	357	2.1	273,825	0.6
通信業	156	0.9	1,390,079	3.2
金融保険業	26	0.2	43,261	0.1
宿泊飲食店業	657	3.9	1,096,649	2.5
不動産およびサービス業	1,818	10.7	4,168,422	9.6
その他	5	0.0	2,201	0.0
合　計	1,7023	100	43,237,548	100

注：数値は2003年９月までの累計である。
資料：韓国輸出入銀行。

二年の貿易協定および投資保障協定締結に続いてその年の八月二四日に正式修交を達成した。それ以降の一〇年余りの間に、地理的隣接性、文化的類似性、民族的基盤そして産業補完性を土台に両国間の交流は急速に拡大していったのである。

しかし、一方で中国の急成長は、日本以上に韓国にとって「脅威」であった。両国の産業構造は重なり、類似分野での競争が激化しており、すでに中国は汎用技術、中・低価格分野で韓国を追い抜き、一部の重化学工業と高付加価値分野は五年以内に韓国の水準に到達すると予想されている。また、多くの主力産業で一〇年以内に韓国と同等の水準に達するものと予想されている。

韓国企業の対中投資の省別分布を見ると、表4－3のように主に韓国と地理的に隣接し、海運航路が存在し、朝鮮族も比較的多く言葉の面での不自由が少なく、韓国側が必要とする原材料や低廉な労働力もある環渤海地域の山東省、天津市、遼寧省等に投資が集中している。これに次いで上海市、江蘇省、浙江省等の華東地域、香港周辺の珠江三角州地域に位置する広東省、また朝鮮族が多く在住する東北三省（吉林省、遼寧省、黒龍江省）も投資額がかなり多い。

また、業種別の進出では表4－4のように、全体件数の約六〇％、投資額の約五〇％を製造業が占めている。これは、韓中間の製造業が強い補完性を持っているということを物語っている。

(3) 中小企業の撤退と大企業の進出

中国のWTO加入を契機に、韓国企業の対中国進出が一層活気を帯びているが、最近は、中小企業より大企業および中堅企業を中心に対中国投資が伸びている。特に中国国内市場を志向して現地完結型経営を追求しているサムスン、LG、SK等は、中国法人の地位を第二の本社と位置づけ、現地で研究開発、生産、マーケティング等すべての領域を管轄するようになっている。

また、一般的に進出先も新たに開放された高付加価値の先端分野や国内市場志向型の投資が増加傾向にあり、これまでの山東省、東北三省中心から、上海、江蘇省など発展の早い地域への進出へとシフトも起きている。

今後、さらに中国での関連制度のグローバル・スタンダード化など、投資環境が改善され、高所得層が形成されて全般的に所得水準が高まることによって韓国企業の市場浸透の機会は増加していくだろう。特に二〇〇八年の北京オリンピック開催、国家事業である西部大開発推進、内需拡大のための財政政策などに支えられて、インフラ建設と消費需要などが急増するものと見られ、この分野での韓国企業の進出拡大が見込まれる。

一方、韓国側の銀行の発表では、二〇〇一年一～五月における韓国企業の対中投資額は一億六三三〇万米ドルだったのに対し、撤退や工場閉鎖を行った企業の資本総額も一億一二五〇万米ドルに達し前年同期比の二倍と大きく膨れあがっている。これは、特に中小企業が、中国国内での経営環境の認識不足や調査不足のため事業がうまくいかず撤退したことによると見られる。これまで韓国の中小企業は投資速度だけを追求し、マーケットリサーチを疎かにしてきた傾向があり、対中投資の長期的な戦略が足りなかった面が否めなかった。また社会変化に対応する力を持ち合わせていないため、人件費の高騰、産業構造全体のレベルアップなど、中国の市場環境の急激な変化に対応できなかったのである。特に労働集約型の加工業が中心であったため、こうした変化に適応した最良の投資方法や分野を見つけることが出来ず、撤退する企業も少なくなかったといわれている。

一方、韓国の専門家は「一九九七年のアジア金融危機以降、韓国企業の中国市場研究・開拓の動きが消極的になり、それが今なお続いている」と指摘している(4)。

また、アジアの金融危機以降、韓国経済が大きく後退したため、韓国国内で資金不足問題が浮上し、各企業は縮小経営に転じ、対中投資もその影響を受けることになった面もあり、加えて金融危機以降、韓国国内の労働力コストも下落したため、中国の安い労働力に魅力を感じて投資していた企業も次第に中国から国内にＵターンするようになったのである。これに加え中国のＷＴＯ加盟により関税が下がりはじめ、制限商品も開放されて韓国製品が安く自由に中国市場に参入できるようになって、中国国内生産のメリットは薄れてきた面もある。

このように中小企業の撤退が進む中、先にも述べたようにサムソン、LG、SK、ENG、現代などの大企業は依然対中投資を拡大している。これら大企業は中小企業とは違い、明確な長期戦略をもって中国進出を行っているのである（表4－5参照）。

LGグループは一九九二年から対中投資を開始し、一九九三年には広東省恵州市に大オートメーション製造ラインを建設した。韓国と隣接する東北地方や渤海沿岸などにはこだわらず、あくまでビジネスロケーションによる方策を打ち出しており、さらに一九九五年には北京にLG電子（中国）有限公司を設立した。現在、LGの工場は恵州のほか、北京・上海・天津・南京・長沙・瀋陽など北から南まで一〇カ所となり、オフィスは二四カ所に及んでいる。LGは設計―製造―販売―サービスまで一貫して中国内で行い、部品の七～八割は現地調達されており、生産される家電品は中国製と十分競争できる価格となっている。

一方、サムスンは中国を米国に次ぐ第二のマーケットだと指摘し、今後の中国戦略がサムスンの生死を分けると本腰を入れている。特に電子部門の売上を毎年二〇％ずつ拡大させ、二〇〇五年には一四五億米ドルの売上げを目指している。同時にサムスンのブランド普及率を現在の四〇％から二〇〇五年までに七〇％に拡大させる必要があり、このため北京コミニケーションセンターを設立したのに続き天津にも研究開発設計センターを設立する予定である。サムスン経済研究所の発表によると、中国参入の成功条件として次の五項目を提示している。㈠マーケッティングリサーチ、㈡国営企業との

表4－5　韓国大企業の中国進出現況と特徴

企　業	主要進出地域および業種	特徴および戦略
サムスン	・北京、天津：電子、電気 ・上海、蘇州：家電、半導体、金融（保険） ・広東省（東莞、深圳、海洲）	・主に電子業種主体 ・高付加価値分野志向携帯電話、TFT・LCD、デジタル家電 ・中国内で「第2のサムスン」構築 生産基地を越えて戦略市場として認識、高級ブランドで差別化
LG	・北京、天津、上海：電子、部品、通信 ・湖南省長沙：CPT、CDT ・海洲：VCD、CD ・天津：PVC ・杭州：生活健康（化粧品）	・家電、生活化学品等消費者と直接接触する品目が多数 ・マーケティング、ブランドイメージ構築を重視（徹底した現地化志向） ・中国法人を第2本社として育成
SK	・北京：SKテレコム ・上海：SKチャイナ ・上海：ベンチャーインキュベータセンター ・青島：化学	・徹底した中国企業化志向、中国内のSK ・現地法人代表に中国人任命 ・IT（通信サービス）分野重点
現代自動車	・北京：北京自動車工業集団と合作契約 ・江蘇省：自動車生産法人部品工場計画中	・上海中国総括本部の機能強化 ・現在、生産体制早期構築
浦項鉄所（ポスコ）	・大連、順徳：鋼板 ・西部大開発ガス輸送事業入札成功 （鋼管用ホットコイル）	・設備新増設計画 ・発電所、鉄道、水路、電力等社会間接資本投資に関心 ・販売市場および原料供給基地
ロッテ	・北京：ロッテリア	・割引店設立検討

資料：鄭サンウン・柳ジンソク『韓中修交10年の回顧と課題』サムスン経済研究所、2002年8月。

合弁、㈢ブランド名の追求、㈣中国人従業員への投資、㈤企業イメージ、である。

以上のように、韓国の中小企業が相次いで撤退する中、大企業が投資を拡大しているのは確固たる経営方針に基づく戦略を持っているからにほかない。

今後、さらに中国の企業関連諸制度のグローバル・スタンダード化の進展等、投資環境が改善され、また、中国国民の所得水準が高まることによって韓国企業の市場浸透の機会が増加していくだろう。

3　日中韓三国協力の進展

(1)　中国マーケットにおける日本、韓国の企業

中国への進出の形態も、日本と韓国では異なる。典型的な例として家電の場合を見てみよう。

日本の家電企業は最も早く中国市場に進出した外資系家電企業である。一九八〇年代、主に技術供与、生産ライン譲渡で中国国内家電企業と提携し、市場を拡大していったが、二〇〇〇年以来、開発機能をも中国に設置するようになっている。これに対し、中国家電企業にとってみれば、海外からの技術移転を媒介とした技術蓄積は、迅速な輸入代替化と量産体制の確立にきわめて大きな役割を果たしてきた。そして一九九〇年代後半から先発した日本に追い付くようになった。この過程には、日中間の密接な国際分業が存在した。日本の家電製品の対中輸出は、輸出成長に寄与する一方、成熟段階にある日本企業の生産技術輸出と生産機能の移管は、中国の輸入代替化を大きく促進した。特に成熟化・標準化した組立て技術の導入は中国の家電産業に「後発性の利益」をもたらし、量産体制の確立

に決定的な役割を果たしてきたといわれている。最近では、家電の逆輸入の段階に入り、量販店等では中国製家電が大きな位置を占めるようにさえなっている。

このように日本は、韓国に比べ、中国との国交正常化が早く、技術力もあって八〇年代、中国で「ブランド」を確立し、日本の家電ブランドは中国の消費者の中に定着していったのである。これに対し韓国は一九九二年外交関係を樹立したが、ここ数年間、韓国のLG、サムスンは急速に中国市場に浸透している(5)。

当初LGやサムスンは低価格戦略と現地経営を支えとし、低コストと低価格を追求、競争の優位性を求めてきた。現地生産、現地販売、七〇～八〇％にのぼる部品の現地化率が韓国製品の競争力の源泉といわれていた。

しかし最近ではサムスンとLGはより高付加価値で、優位性のある分野、たとえば、通信、半導体、電子部品、保険、証券などへの投資を増やしていこうとしている。特にサムスンに関しては、「今後のサムスンの存亡は、中国マーケットでの成否にかかっている(6)」というほど、中国市場を最重要視しており、先端的技術や、先進的な経営理念を中国へ移し、絶えず事業を拡大させようとしている。

一方、筆者が二〇〇三年九月に韓国のソウル、中国の北京、上海、青島、長春で、中国に進出している韓国企業や中国の関係機関をヒアリング調査した際、中国、韓国双方の関係者から以下のような発言を聞いた。「韓国企業は技術をすぐに中国側に提供してくれるが、最近の日本企業は提供してくれない」と。

八〇年代までの日本企業は、中国と合弁や合作を行う際に現在の韓国企業のように技術に対する対価の要求がきわめて小さかったと聞く。それが最近是正され、正当な対価を求めるようになったのである。この発言はその現れであると思われる。前述のように知的財産権保護は今後の中国の経済発展に欠かせない課題であり、中国の一般企業や関係機関にも知的財産権尊重の考え方が早く浸透していくことが望まれる。

(2) 日中韓三国協力の進展

日中韓三国の経済規模は合計七兆ドルで世界経済の二五％を占めている。輸出は一兆ドル、人口は一四億人で、現在時点でＥＵ（欧州連合）、ＮＡＦＴＡ（北米自由貿易協定）よりは経済的には小さいが、共通して儒教文化圏であり、産業構造が相互補完的であることを考えれば、今後、ＥＵとＮＡＦＴＡを凌駕する経済圏に可能性を秘めている。

この日中韓三国間の協力は、小渕恵三首相（当時）がＡＳＥＡＮ＋日中韓の首脳会談が始まった一九九九年に、一度限りの非公式朝食会という形で、三国の首脳会合を提唱し、実現させたことを契機としている。世界経済がグローバル化の中で、東アジアにおいては、二〇〇一年一二月の中国の世界貿易機関（ＷＴＯ）加盟や二〇〇二年一一月の東南アジア諸国連合（ＡＳＥＡＮ）との自由貿易協定（ＦＴＡ）締結に向けた枠組みへの署名など、地域間協力、市場の統合化に向けて進展を見せており、その中で日中韓は、市場経済を基礎として三国間の協力関係を強化する方向に進んでいるのである。

二〇〇二年九月二四日にモロッコのマラケシュで行われた日中韓情報通信大臣会合では、東アジア文化圏に対応した情報通信研究開発協力、IPv6に関する共同実験の実施、第三世代携帯電話に関する協力の推進、政策対話の推進、二〇〇八年北京オリンピックに向けたICT協力、放送に関する技術協力の推進、情報通信分野におけるASEAN＋3連携の確立で意見の一致を見た。

その後、二〇〇二年一一月にカンボジアで行われた日中韓首脳会合では、これまでの信頼関係を基礎に、「繁栄のための協力」を一層深化させるとともに、「安定のための協力」も含めた幅広い分野において日中韓三国間の協力を推進していく考えが表明され、今後の日中韓協力を経済貿易、情報通信、環境保護、人材育成、文化協力の五つの分野に重点を置いて進めることで一致した。

引き続き、二〇〇三年一〇月七日バリで、小泉純一郎首相、温家宝国務院総理、盧武鉉大統領によって、日中韓共同宣言が行われた。そこでは、現状認識として、「三国首脳は、三国間協力を推進するための堅固な基盤が築かれたことを確認。協力を発展、深化させることが、東アジア全体の平和、安定および繁栄の実現に貢献すると確信」するとし、基本理念として「三国は、経済関係と貿易、投資、金融、運輸、観光、政治、安全保障、文化、情報通信技術、科学技術、および環境保護を含むさまざまな分野で、協力を強化する方途を探求」することが示された。

IT分野での三国の協力は、たとえば、二〇〇三年八月には、日中韓三カ国と、そのコンピューターソフトや電機業界は、次世代型の携帯電話など情報家電やサーバーに組み込む基本ソフト（OS）を連携して開発することで大筋合意したという。(7)

また、同年一一月「日本、中国、韓国の三カ国が合同で、高齢者や障害者にもわかりやすく使いやすい『ユニバーサルデザイン』の商品、サービスのための統一規格づくりに乗り出す。一年後をめどに、個々の商品の性質表示や案内標識などで三カ国共通の指針をまとめ、最終的には世界標準として普及させることを目指す」ことで合意した。(8)

今後こうした三国の協力は、先の日中韓共同宣言の方向で、より具体的に実現していくことが望まれよう。

4　日中韓の新しい経済関係構築へ

八〇年代まで、「ものづくり」中心の工業国として繁栄してきた日本は、二一世紀の始まりにおいて、中国との前向きの新しい協力関係の構築が必要と思われる。すなわち、補完関係を前提とした協力関係から、韓国との関係のように競合的であって、対等なパートナーとしての協力関係へと変わっていくべきであろう。

中国製品が安かろう、悪かろう、の代名詞だった時代は過去のものとなりつつある。現在では、かつての「メード・イン・ジャパン」のように「メード・イン・チャイナ」が世界市場に溢れかえっている。だからといって、「メード・イン・チャイナ」を脅威とのみ捉えるのは間違いである。その活用を考えるべきで、考え方しだいで日本経済を再生させるのに有利な足場を築くことができると思われる。

日本の「ものづくり」の力が衰えたとはいえ、中国やアジア諸国に比べればその優位性は現在でも明らかである。確かに家電やコンピュータ関連部門など消費財部門で中国の躍進は著しい。しかし、高級家電、自動車といった先端消費財産業や、生産財・投資財で日本は他国の追随を許さない分野を多く擁している。また、開発能力からいえば、ソフトウェア等の大学ベンチャーはともかく、中国企業のそれはまだ「まね」の域を出るものではない。

日本の「ものづくり」の力が急速に縮小した原因は、中国の脅威によるものではなく、自らの産業構造調整の遅れ、すなわち日本自身の高コスト体質や産業・雇用システムの硬直性によって産業構造の高度化が遅れていることに原因があり、中国の脅威はむしろ日本の構造調整を加速化させる一つの要因として歓迎すべきであろう。

また、隣国の中国が経済発展をすることは、長期的にみて誰より日本にとってプラスであり、中国のＷＴＯ（世界貿易機関）加盟は、中国側の輸入・参入障壁が低下することで、日本にとってメリットの大きいものである。特に、消費市場が開放されるだけでなく、生産性の低い中国の国営企業が高いシェアを占めている資本財や生産財の産業分野への対中輸出は今後伸びていくことも期待できる。

その際、日本企業の中国進出で改善すべき点も多い。現在中国で急速に成長している企業の経営者の多くは、米国での留学経験や欧米企業での経験があり、グローバルな経営感覚と、国際的経営手法を備えている。中国市場で彼らと戦うには、彼ら以上の国際経営に対する知識や経験が日本の進出企業の経営幹部に求められる。日本企業は中国市場の重要性を認識し、優秀な社員を中国ビジネス担当とすべきである。また、よく言われることだが、現地人材の登用の問題である。現地の市場で伸びるためには、事情をよく知る現地人材の登用は不可欠であり、彼らが日本人と同様に昇進でき、日本の独資企業でも経営幹部が中国人となることが必要である。この点で韓国系企業もそうだが日系企業も欧米系に著しく遅れをとっている。

このような状況にあって日本が進むべき道は、競争力が落ちた産業や重要度の低下した産業を中国等に移転する一方で、より付加価値の高い産業や、技術革新を伴うような新しい価値創造的製造業を国内外で創出していくことであろう。ただし、それは従来のような大量生産大量消費型の社会ではなく、構造改革を達成し、情報化の深化、新材料・新素材の活用、高齢化対応、環境保護、都市再生など、新しい考え方や価値観をもった社会づくりを基礎としなければならない。「ものづくり」の高度化のほか、雇用吸収力の点からみても、少子高齢化社会を向かえ、保育・教育、介護など非製造業の成長にも力をいれていく必要があろう。

日本企業にとっては、自らの高コスト構造を是正し、バイオ、新素材、ナノテクノロジー等の新分野への投資を通じて新たな比較優位分野を構築していくことが、韓国や中国と共存共栄する道のように思われる。

こうした日本自身の戦略とは別に、先に述べた日中韓の間での「国際産学連携」や、ソフトウェア開発の協働を行って、重層的な経済関係を構築していくべきであると考える。

そのためには、日本企業が積極的に中国の大学や研究機関と研究開発プロジェクトを立ち上げていかなければならないであろう。また、欧米の企業のように中国の大学等に冠講座を設けるとか、企業基金を設けて中国の研究者育成にあたるなどの活動もしていかなければならないと考える。

これらに加えて、新たな情報化された産業構造で経済が回る共通の仕組みづくりが課題となろう。日中韓共通の社会インフラとしての情報・知識の活用基盤構築が求められる。エンジニアリング・チェーンでの企画・設計や、サプライ・チェーンでの資材調達など、いろいろな場面での協業が考えられる。このような協業において、それぞれの国の企業と企業、顧客と企業の間の意思疎通を実現し、協働して物をつくり上げるための情報の流通（共有、伝達、交換を含む）基盤が必要となるのである。既に企業間で、共同開発などの協業機能や電子入札などの市場機能がインターネットを通じて行われはじめている。こうした流れを一層促進していかねばならないと考える。このことこそ、国際競争力の源となるのである。注意しなければならないことは、このような情報流通基盤は三国だけでなくほかの国々にも開放されていなければならないということである。

三国の経済協力を強化することは、三国が協力して、世界とアジア太平洋における自由で、開かれた貿易体制づくりを進めることを前提にしており、決してブロック化することではないのである。

中国は、前述のように労働集約型、技術集約型、知識集約型の三段階の産業が並存して発展している。日本は、このすべてとより一層緊密に付き合っていかねばならないが、日本の今後の進むべき道を考えると、特に知識集約型の分野における協働関係の発展に力を入れるべきであると考える。

注

（1）実際、筆者が二〇〇三年九月に訪問した長春では、日本のトヨタ自動車の進出にあたって、多くの日系自動車部品メーカーのほかに、韓国系の自動車部品メーカーも進出をしつつあった。

（2）拙稿「世界の電子部品・機器生産基地　揚子江経済圏」、『時事IT情報』二〇〇一年九月一七日号参照。

（3）ブロードバンド国家戦略研究会著『ブロードバンド国家戦略』（NTT出版、二〇〇三年）参照。

（4）著者が二〇〇三年九月に訪問した韓国政府の出資によって設置された韓国産業研究所では、当初一〇人の研究員から構成される中国室があったが、外資危機の影響で室は廃止になり、研究員も三人に減員されたという。

（5）筆者が二〇〇三年九月に中国の調査をした際、北京や上海のデパート等の家電売り場は韓国製品が大きな売り場を占め、国産がそれに次ぎ、日本製の家電の影は薄かった。

（6）二〇〇三年九月、筆者のソウルのサムスン電子本社でのヒアリング。

（7）「asahi.com」二〇〇三年八月三一日。

（8）二〇〇三年一一月七日『朝日新聞』などが見られる。

5 東アジアにおけるビジネス・ネットワークとＦＴＡ
――「北東アジアビジネス経済圏」の可能性と課題――

蛯名保彦

はじめに

筆者に与えられたテーマは、北東アジアにおける企業ネットワーク論であるが、それを語る前に、まず次の三つのことを確認しておかなければならない。一つは、北東アジア論の前提には東アジア論があるということだ。北東アジアという概念は、地政学的には「準地域（quasi-region）」であって、本来の意味での「地域（region）」である東アジアの下位概念だからである。二つには、企業ネットワークを論じる場合、製造業を対象にすべきだという点である。言うまでもなく産業としてはサービス業もあれば農業もある。しかしながら、北東アジアにおける企業ネットワークである以上、ネットワークのボーダレス化を意味しており、そうしたボーダレス化は製造業において最も進展しており、したがって問題の焦点も製造業に当てられているからだ。日本経済再生論に関連して、日本でも〝ものづくり〟の重要性が次第に注目を浴びてきている。それは、世界の製造業拠点として台頭しつつある中国と日本とが果たして共生可能か否かを決めるのは日本の製造業の今後のあり方次第だ——、という認識が日本の中でも広がってきているということを意味している——ということを考えれば、そのことは容易に理解されよう。三つには、企業ネットワーク輪はビジネス・ネットワーク論として論じられた方がよいということである。一口に「企業」といっても、企業のいったい何を問題にしているのかを明確にしなければ、ネットワークの意味が曖昧になる。企業活動を論じるのか、企業組織を取り上げるのか、それとも企業経営を問題にしているのか、によってネットワークの意味は大きく異なる。本稿では、企業活動すなわち「ビジネス」に焦点をあてることにする。現在、東アジアにおける最大の経済的イシューはFTA問題であるが、それは〝ビジネス経済圏〟の形成にかかわっているからこそ〝イシュー〟なである。つまり東アジアFTAとは、そもそも〝線〟としての「ビジネス・ネットワーク」を〝面〟に発展させようという試みにほかならないのである。

そこで以下では、まず、製造業に焦点を当てて東アジアにおけるビジネス・ネットワークの展開を取り上げ、その展開と東アジアFTA構想の融合による「東アジアビジネス経済圏」形成の蓋然性を明らかにする。そして、北東アジアにおけるビジネス・ネットワークの蠢動と具体化しつつある日韓FTA計画の中に、北東アジアにおいても「ビジネス経済圏」形成の可能性があるのではないか、またそうした可能性を現実化するための課題は何か――ということを探ってみよう。

1　東アジア経済発展の特質とビジネス・ネットワーク

(1)　東アジア経済発展における三つの特質

周知のとおり東アジア経済は高い成長を背景にして世界経済におけるリーディングセクターの役割を果たしている。そこで東アジア経済発展の特質を明らかにしておかなければならないのだが、それは次の三点に整理されよう。第一は経済圏の多層性である。第二は内発的発展性である。そして最後は産業・企業のネットワークである。

まず経済圏の多層性とは何か。ヨーロッパやアメリカと同様に東アジアにおいても経済圏が形成されはじめているということは、いまや疑う余地のない事実である。だが東アジアの場合のそれが、国家間の協定によって地域統合に向かいつつあるEUやこれまた国家間の自由貿易協定に基礎を置くNAFTAとは異なり、国際分業の進展を背景とする相互依存関係の深化に依拠したものであるということは今日ではすでに常識となっている。いわゆる「自然経済圏」である。しかしながらその経済圏が三層の構造からなっているということは余り知られてはいない。いまに至ってもなお冷戦が終焉していない不安定な国際関係のもとに置かれた東アジアでは、相互依存関係の深化と言っても、不安定な国際関係に因る影響を最も受けやすい国家間でのそれではなく、そうした影響が相対的に小さい地方から始まったということが重要である。華南経済圏や環黄海経済圏などいわゆる「地方経済圏」がまず叢生したのである。次いで地方経済圏が融合し北東アジア経済圏など「準地域経済圏」が形成され、そして三つの準地域経済圏——すなわち北東アジア経済圏、中国人経済圏（あるいは華人経済圏）そして東南アジア経済圏——の融合・発展の結果として「地域経済圏」としての東アジア経済圏が登場してきたというわけだ。

では第二の特質である内発的発展性とは何か。上記の経済圏における三層構造からも推し量られるように、経済圏の基盤をなすのは「地方経済圏」である。そのことは、東アジア経済の発展性がそもそも地方経済の発展性に依拠しているということを意味している。「内発的発展性」というのはこの地方経済における発展性のことを指している。それは、一言で言えば、国民経済におけるローカルな部門すなわち中小企業や地域経済が国際分業に伏在している活力を自らの潜在的発展性に結びつけることによって得られる経済発展のバイタリティーにほかならない。そしてこの地方経済のバイタリティーは、一方で東アジアにおける相互依存関係を深化させる原動力の役割を果たすとともに、他方では国民経済の深化に貢献するのである。内発的発展性の意義はまさにこの点にあると言えよう。

ところで、特質の三点目である東アジア経済のネットワーク化であるが、この問題は、本題にもかかわるので項を改めて説明しよう。

(2) 産業・企業のネットワーキング

われわれは、上記の内発的発展性が産業・企業のネットワーキングと深くかかわっているということに注目しておかなければならない。なぜならば、内発的発展性の担い手である企業のビジネス自体におけるネットワーキングが内発的発展性と表裏の関係で進展しているからである。

一つは、日本と東アジア諸国間における貿易が拡大しかつ高度化するにつれて、日本と東アジア諸国における産業・企業間のネットワーキングもまた進展している。日本の対東アジア輸出の一部は統合型産業と支援型産業のコンプレックスによって担われている[1]。肝心なのは、(イ)このコンプレックスが日本企業の海外進出に依拠した世界最適調達システムの一環をなしており、そして世界最適調達システムは企業情報ネットワークシステムによって支えられている、(ロ)統合型産業及び支援型産業の基盤をなす機械工業におけるビジネス・プロセスなかんずく製造プロセス自体が今日ではソリッド・データ・システム[2]の導入によって高度な企業情報ネットワークシステムと化している——ということである。したがって、コンプレックスの比重が増大するにつれて、企業情報ネットワークシステムの重要性も増し、産業・企業におけるネットワーキングもまた進展することになるのである。

二つには、東アジア諸国に向けての日本企業の進出を反映したネットワーキングである。日本企業の進出が生産基地化に加えて市場確保をも目的とするにつれて、進出先における進出企業の複層化が進展し、上記の産業・企業ネットワークもまた一層拡大・深化している。

三つには、東アジアにおける金融センターの発展を反映して資本・金融・為替市場におけるネットワーキングもまた進展しており、この点もまた企業ネットワーキングを加速させている。

四つには、東アジアのビジネスにおけるＩＴの浸透とともにＩＴ自体がネットワーク化されていくということも見落としてはならない。

最後に、以上の産業・企業ネットワーキングを反映して東アジアにおけるクラスター間ネットワークもまた進展している。産業・企業ネットワーキングが、クラスターへの依存度の強い中小企業や集積地域企業にまで及んでいけば、クラスター間ネットワークの重要性も高まらざるをえないからである。

その点で特に注目しなければならないのは、中小企業・集積地域企業および集積地域自体のネットワーキングは内発的発展性と深くかかわっているということである。それらのネットワーキングは、内発的発展によって可能となると同時に、内発的発展をさらに促進させる効果を持っているからだ。(3)

かくして、東アジアにおいては、企業のビジネス・ネットワーキングは、一方で国民経済の深化に貢献する内発的発展性を強めながら、他方では経営の生き残りを賭けた企業活動のボーダレス化を押し進める――という役割を果たしているのである。われわれは、こうした産業・企業におけるネットワーキング特に東アジアにおけるそれをとりあえず〝エイシアン・ビジネス・ネットワーク（Asian Business Network）〟と呼んでおこう。そこでこの〝エイシアン・ビジネス・ネットワーク〟こそが、内発的発展性と結びつきしかも両者の相乗効果を生み出しているのである。われわれは、この点に東アジア経済発展の第三の特質を見出すことができるというわけだ。

そこで次に、そもそも〝ビジネス・ネットワーク（Business Network）[4]〟とは何か、またそれはどのような意義を持っているのか、について考察しておかなければならないが、本稿では、その点を〝エイシアン・ビジネス・ネットワーク〟の中心をなす〝エイシアン・マニュファクチュアリング・ネットワーク（Aisian Manufacturing Network）〟に焦点を当てて考察してみる。

2 〝エイシアン・マニュファクチュアリング・ネットワーク〟の意義

東アジアにおけるビジネス・ネットワークすなわち〝エイシアン・ビジネス・ネットワーク〟を取り上げるにあたって、われわれは中でも、東アジアにおける製造業のネットワークすなわち〝エイシアン・マニュファクチュアリング・ネットワーク（Asian Manufacturing Network）〟をまず検討しておかなければならない。なぜならば、アジアにおけるビジネス・ネットワークの展開は製造業を中心にしているからだ。

(1) 東アジアにおける新製造業の台頭

① 経済のサービス化

周知のように先進工業国を中心にして産業構造のサービス化が進展している。その結果、先進諸国

図５－１　付加価値ラインの変化

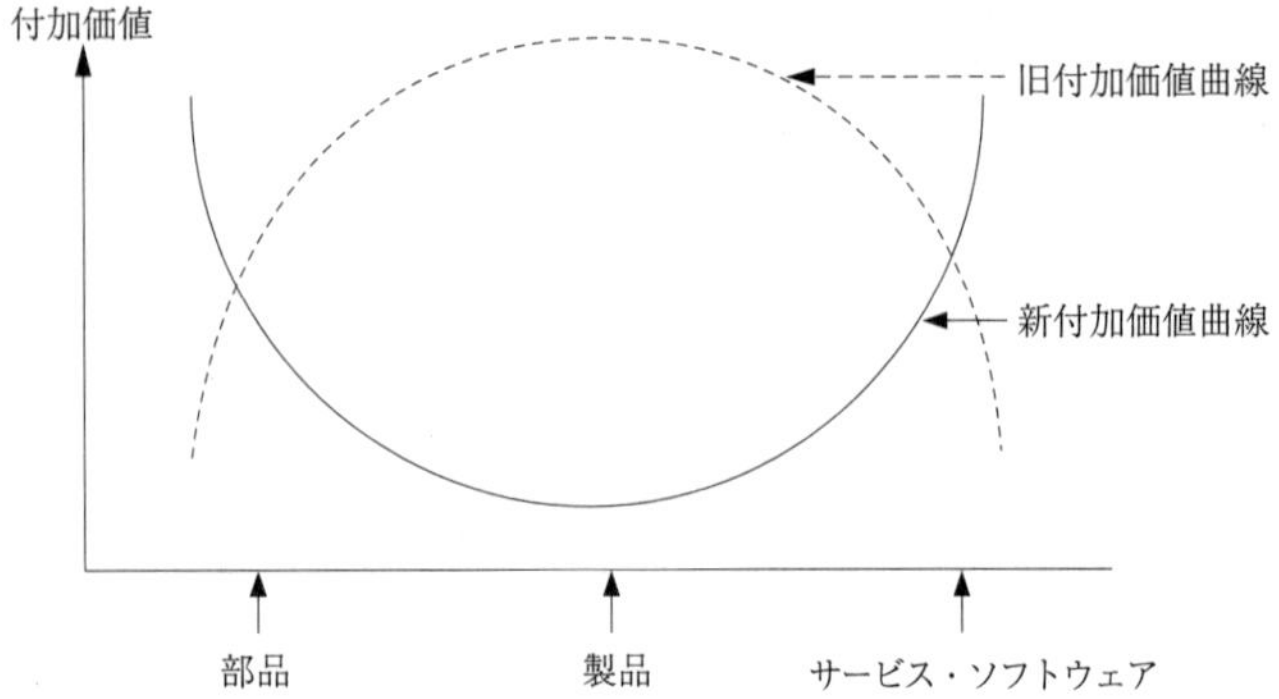

出所：オリジナル・アイディアは野中郁次郎「日本製造業の課題」(『日本経済新聞』2001年１月19～26日）による。

のほとんどで最大の産業と言えばいまや間違いなくサービス業を中心とする第三次産業である。こうした変化は単に産業構造にとどまらず、経済構造をも変化させている。いわゆる「経済のサービス化」である。このことは付加価値構造の変化によっても裏づけられる。図５－１は野中郁次郎教授が描いた製造業におけるいわゆる「スマイルカーブ曲線」であるが、そこには付加価値構造の変化が端的に示されている。すなわち、生産部門における付加価値率が低下する一方で、サービス部門におけるそれが上昇している。しかもこうした「サービス経済」化の傾向は今後ますます強まるものと観られる。なぜならば、サービス経済は「知識経済」――それは情報や知識の価値がますます高まる二一世紀経済においては決定的に重要な役割を果たすものと想定される――に繋がっているからだ。

② 脱製造業論と新製造業論

では経済のサービス化と表裏の関係にある産業構造のサービス化は製造業にとってどのような意味を持っているのだろうか。二つの見方が成り立つであろう。一つは、サービス業が製造業に取って代わったわけだから最早製造業はその役割を終えたと観る見方である。いわゆる脱製造業論である。もう一つは、逆に製造業がサービス業を吸収し新たな製造業へと脱皮していくとする見方である。つまりこれまでの製造業すなわち古い製造業はその役割を終え後退していくとしても、それに代わって新しい製造業が登場してくるわけだから、製造業自体は脱皮し生き残るとする見方である。いわゆる新製造業論である。筆者は後者の見解すなわち新製造業論の立場に立つ。上記の付加価値曲線における付加価値率の変化は、あくまでも製造業の内部におけるビジネス・プロセス上の付加価値率変化であると考えるからだ。すなわち「高付加価値化」とは製造業におけるビジネス・プロセス自体の高度化の反映にほかならないのである。図5－1にもう一度戻ろう。付加価値曲線上における生産からパーツおよびサービス部門へのシフトは、同時にビジネス・プロセス上の変化と表裏の関係にある。要するに付加価値曲線上における付加価値率の変化はビジネス・プロセスの高度化と表裏の関係にあるということが、新製造業論の根拠である。

③ 〝エイシアン・マニュファクチュアリング・ネットワーク〟

ところで、東アジアにおける製造業ネットワークに内包されている「ビジネス・プロセス・ネットワーク（Business Process Network: BPN）が新製造業への移行を促す可能性を有しているということに注目しておかなければならない。われわれは、新製造業の台頭に繋がるこうしたアジアにおける製造業ネットワークを〝エイシアン・マニュファクチュアリング・ネットワーク〟と呼ぶことにする。

では、〝エイシアン・マニュファクチュアリング・ネットワーク〟に内包されているBPNがなぜ新製造業への移行にかかわるのか。次にこの点を考察してみよう。

(2) アジアにおけるBPN（Business Process Network）の展開

① BPNの理論的考察

われわれはまずBPNに関する理論的な問題を考察しておかなければならない。ビジネス・プロセス・ネットワークの展開を検討するためには、その基礎にあるビジネス・プロセス・ネットワーク論を理解しておく必要があるからだ。図5－2はBPNのコンセプトを示している。そして図5－3は、ビジネス・プロセスの展開すなわちそのネットワーキングを説明するためのものである。

この二つの図からわれわれは以下のことを知ることができる。まずBPNは二種類あるということである。一つは、同一業界内に属する企業と結びついた「業界内ネットワーク（BPN－α）」だ。この場合ネットワークをサポートしているITは、プラニング・プロセスではCALS・IIN／BPであり、アセンブリング・プロセスではCALS／BP&SCM／BPであり、マーケティング・プロセスではDSCM／BPである。例えば自動車業界を取り上げよう。A－1社はBPN－α上で

図5-2 ビジネス・プロセス・ネットワーク（Business Process Network：BPN）のコンセプト

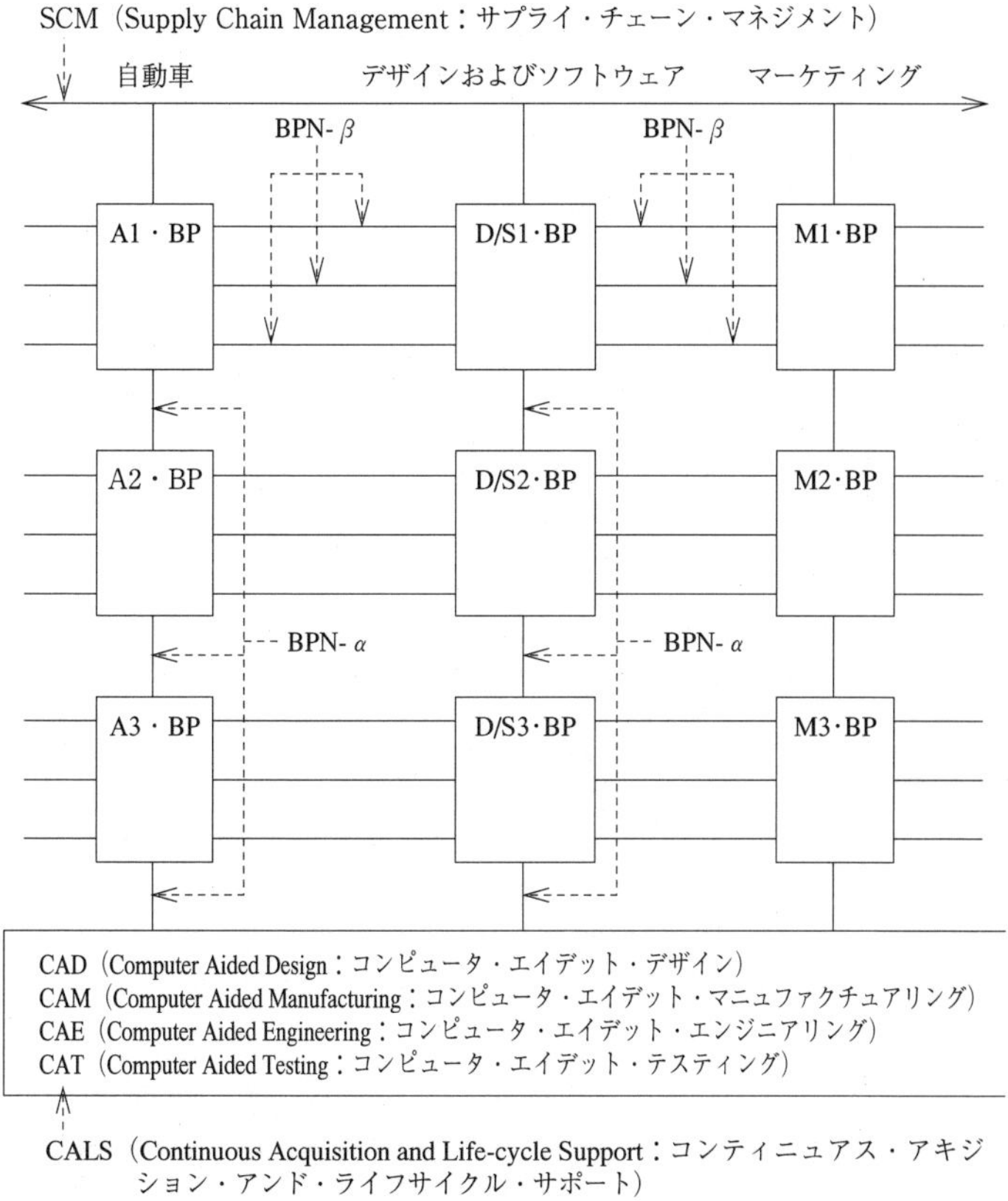

(*1) BP（Business Process：ビジネス・プロセス）
BPN（Business Process Network：ビジネス・プロセス・ネットワーク）
A1･2･3･･･：自動車メーカー
D/S1･2･3･･･：デザイナー・ソフトウェアエンジニア
M1･2･3･･･：流通業者を含む販売業者

出所：拙稿「A proposal of Asian Green Manufacturing Network ― For the Formation of Asian Environmental & Economic Zone ―」(Journal of Niigata University of Management〔No. 9〕) p. 30より。

図５－３　ビジネス・プロセス（Business Proces：BP）と
ビジネス・グループ（Business Group：BG）との関係

ビジネス・グループ(BG) ／ 企業(En) ／ 三つの主要プロセスに区分したビジネス・プロセス(BP)(*4)	Ⅰ自動車	Ⅱデザインおよびソフトウェア	Ⅲマーケティング	Ⅳ配送	Ⅴ金融他	対応IT/BP
	A1.2.3…	D/S1.2.3‥	M1.2.3…	D1.2.3‥	F1.2.3…	
a. プランニング・プロセス						CALS・IIN/BP
a-1. R & D	◎	◎	△	△	△	
a-2. デザイン	◎	◎	△	△	×	
a-3. 試作	◎	◎	×	×	×	
a-4. 金型	◎	◎	×	×	×	
b. アセンブリング・プロセス						CALS・SCM/BP
b-1. 調達	◎	△	×	×	×	
b-2. 生産	◎	△	×	×	×	
b-3. 作業	◎	△	◎	◎	◎	
b-4. 在庫	◎	△	◎ (*3)	◎ (*3)	×	
c. マーケティング・プロセス						DSCM/BP
c-1. 販売	◎	◎	◎	△	◎	
c-2. 配送	◎	△	◎	◎	×	
c-3. 決済	◎	◎	◎	◎	◎	
BPN-α	Ⅰa-1, a-2, a-3, a-4 Ⅰb-1, b-2, b-3, b-4 Ⅰc-1, c-2, c-3	Ⅱa-1, a-2, a-3, a-4 Ⅱb-1, b-2, b-3, b-4 Ⅱc-1, c-2, c-3	Ⅲa-1, a-2 Ⅲb-3, b-4 Ⅲc-1, c-2, c-3	Ⅳa-1, a-2 Ⅳb-3, b-4 Ⅳc-1, c-2, c-3	Ⅴa-1 Ⅴb-3 Ⅴc-1, c-3	
BPN-β	Ⅱa-1, a-2, a-3, a-4 Ⅲc-1 Ⅳc-2 Ⅴc-3	Ⅰa-1, a-2, a-3, a-4 Ⅲc-1 Ⅴc-3	Ⅰc-3 Ⅱc-1 Ⅳc-2 Ⅴc-3	Ⅰc-2 Ⅲc-2	Ⅰc-3 Ⅱc-3 Ⅲc-3 Ⅳc-3	

(*1)　BP（Business　Process：ビジネス・プロセス）、BG（Business　Group：ビジネス・グループ）、En（Enterprices：企業）、IT（Information　Technology：情報通信技術）、CALS（Continuous Acquisition and Life-cycle Support）、IIN（Intellectual Information Network：高度情報通信ネットワーク）、SCM（Supply　Chain　Management：サプライチェーン・マネジメント）、DSCM（Demand Supply Chain Management：ディマンド／サプライチェーン・マネジメント）

(*2)　◎：最も重要な基礎的ビジネス・プロセス
○：基礎的ビジネス・プロセス
△：一般的ビジネス・プロセス
×：非ビジネス・プロセス

(*3)　保管業務

(*4)　主要ビジネス・プロセスの区分は図６－１における付加価値レベル別区分に対応している。

出所：図５－２の文献 p. 31より。

はⅠa－1・2・3・4、Ⅰb－1・2・3・4、Ⅰc－1・2・3からなるネットワークを持っている。A－2社、A－3社もBPN－α上に同様のネットワークをそれぞれ持っている。

もう一つは、異なる業種に属する企業間で結びついた「異業種間ネットワーク（BPN－β）」である。この場合のITは、プランニング・プロセスではCALS・IIN／BPであり、アセンブリング・プロセスではCALS／BP&SCM／BPであり、マーケティング・プロセスではDSCM／BPである。やはり自動車業界を取り上げてみると、A－1社はBPN－β上ではⅡa－1・2・3・4、Ⅲc－1、Ⅳc－2、Ⅴc－3からなるネットワークを有している。A－2社、A－3社もBPN－β上に同様のネットワークをそれぞれ持っている。

以上の考察からわれわれは、「経済のサービス化」の下での製造業のあり方について次の三つの含意を引き出すことができる。一つは、「経済のサービス化」が、ITを通じて製造業をデザイン・ソフトウェアそしてマーケティングの方向に傾斜させるような同一業種内BPNをますます強める役割を果たしている、という点である。二つには、しかしながら上記のBPNが同時に製造業をしてアセンブリング・プロセスからより付加価値の高いプランニング・プロセスおよびマーケティング・プロセスへとシフトさせる役割をも担っている、という点である。このことは、「経済のサービス化」が脱製造業を必ずしも不可避とはせず逆に新製造業台頭に繋がる可能性を伏在させている、とわれわれが主張する根拠を提供してくれているのである。三つには、上記の点は製造業におけるパーツ・サプライヤーにも当てはめることができる、という点である。前述したように（図5－1参照）、新付加価値ラインへの移行の可能性は、サービス・ソフトウェア部門だけではなくパーツ部門にも開かれているが、それはこのことにかかわっているのである。

要するに、付加価値ラインの移行を伴った〝エイシアン・マニュファクチュアリング・ネットワーク〟に包含されているBPNは、自らの高度化――それは要するに後述するPPN化にほかならない――を通じてアジアにおける新製造業形成の可能性にも繋がっているのである。〝エイシアン・マニュファクチュアリング・ネットワーク〟の意義は、まさにこのBPNの役割にあると言えよう。

② アジアにおけるBPNの展開――知識集約型BPN（Planning Process Network: PPN）の重要性――

そこで次にアジアにおけるBPNの展開を見ておこう。アジアにおけるBPNの展開の背後にあるものは何か。われわれはまずこのことから検討を始めよう。最も重要なバックグラウンドは、日本企業とアジア諸国企業との間での「知的ネットワーク」（"Creative Networks"）の形成である。「知的ネットワーク」とは、R＆D分野におけるコラボーレーションを通じての技術伝播効果を有するネットワークのことである。この場合、日本企業の関心事はアジア諸国における豊富な人的知的資源獲得を通じてのR＆D能力の確保である。それによって日本企業は、R＆D分野におけるコストダウンと自社内におけるR＆D分野の強化を目論んでいる。一方アジア企業の方は、日本企業とのコラボレーションを通じて得られる技術伝播効果が自社製品の高付加価値化に貢献することを期待しているのである。

以上のバックグラウンドのもとで、アジアにおけるBPNなかでもPPN――それはBPN-αおよびBPN-βにおける知的要素からなる（図5-3参照）――が急速に広がりはじめており、今後その展開はさらに加速されるものと想定される、ということを指摘しておかなければならないであろう。したがって、それはアジア製品の高付加価値化に寄与することを通じてアジアにおける新製造業形成に重要な役割を果たすことが期待されるのである。

かくしてわれわれは、日本企業によってリードされたBPNなかんずくPPNのアジアにおける展開が上述した〝エイシアン・マニュファクチュアリング・ネットワーク〟の意義に深くかかわっている、ということを強調しておかなければならないのである。そのことはまた、そもそもマニュファクチュアリング・ネットワークを中心とする〝エイシアン・ビジネス・ネットワーク〟の意義にもかかわっているということは言うまでもないであろう。

3 〝エイシアン・ビジネス・ネットワーク〟と東アジアFTA構想

ところで、〝エイシアン・ビジネス・ネットワーク〟の発展を図るうえで、FTAを基軸とする東アジア経済圏形成の動きは重要な意味を持っている。ビジネス・ネットワークはそれがネットワークにとどまる限り〝線〟にすぎない。そこでビジネス・ネットワークの一層の発展を図るためには、それを〝面〟にしなければならないのである。そこで、〝エイシアン・ビジネス・ネットワーク〟を発展させるということは、それを〝線〟から〝面〟に深化させせなければならないということになるが、その際、東アジアFTAはきわめて重要な役割を果たすことになるであろう。なぜならば東アジアFTAは〝ビジネス経済圏〟支援という性格を色濃く帯びるものと想定されるからである。

現在東アジアではFTA形成の動きが加速されはじめているが、それらの動きの背景に伏在しているのは以下の諸点である。(5) 第一は、東アジア域内における貿易・投資・労働力移動の自由化である。第二は、域内における共通投資ルールの策定である。第三は、知的所有権の保護のための域内共通政策づくりである。第四は、電子商取引および環境規制を含めて商取引および商慣行における基準・認証・資格などの域内共通化を図ることである。第五は、域内におけるビジネス環境およびビジネス・ネットワークを発展させることである。第六は、ビジネス・システムおよびビジネスモデルにおける域内互換性強化である。第七は、域内金融・通貨・為替システムにおける安定化である。そして最後は、域内の経済・社会システムにおける浄化と透明化である。

以上から明らかなように、FTAは、一般に考えられているような関税引き下げによる貿易の自由化だけを目的としているのではなく、むしろ企業の投資活動の共通ルール化、知的所有権の擁護のためのルールづくり、取引および慣行における基準・認証の共通化、ビジネス環境およびネットワークの発展そして金融・通貨・為替システムの安定化などを通じて経済圏の形成・発展を支援し促進することを目的としている、と捉えられるべきであろう。そして、その場合の経済圏とは、すでに述べた東アジア経済の特質――すなわち経済圏の多層性、内発的発展性そして産業・企業のネットワーキング——という特質を生かしたものであり、その意味でそれは「ビジネス経済圏」にほかならないのである。

4 北東アジアにおける「ビジネス経済圏」形成の可能性と課題

(1) 北東アジアにおけるビジネス・ネットワークの蠢動

ところで、北東アジアも「ビジネス経済圏」と決して無縁ではない。北東アジアにおいても企業間連携が動きはじめているからだ。特に製造業におけるそれが本格化しはじめている点が注目される。たとえば、日本の三洋電機、韓国のサムスン電子そして中国のハイアールというそれぞれの国の代表的な電機メーカー三社がネットワーク家電事業で提携を始めている。提携の内容は、三社の製品を一括して遠隔操作する家庭内ネットワークの構築であるとされる(6)。このことは三社が、それぞれの強みを生かすために——三洋は高機能家電が得意であり、サムスン電機はネットワーク技術において優位に立っており、ハイアールは中国市場に強力な家電販路を持っている——、前述したBPNなかんずくPPNに依拠したビジネス・ネットワークを築くということを意味している。その点で三社提携は、本格的な製造業ビジネス・ネットワーク形成の第一歩が北東アジアにおいても踏み出されたということを意味していると言ってもよいであろう。

(2) 日韓FTAの意義

一方、北東アジアにおいてもFTA締結の動きが始まっている。日韓FTA交渉がそれである。伝えられるところによれば、二〇〇四年早々にも両国の間で政府間交渉が始まる見通しであるとのことだ。両国が協定締結に至れば、関税をゼロにする結果、人口一億七〇〇〇万人、GDP四兆六〇〇〇億ドルの単一市場が北東アジアに誕生することになる。それだけではない。両国政府はすでに投資協定を締結済みであるために[7]、それに沿ってFDI（Foreign Direct Investment）にかかわる取り決め——知的所有権の保護や基準・認証などFDI拡大にとって必要な政策の調整や施策の取り決め——も今後具体化するものとみられる。しかも日韓FTAは最終的には、こうした貿易・投資にかかわる協定だけでなく、さらにヒトの移動の円滑化なども含む包括的な協定となる可能性が強いとされる。

こうした包括的な日韓両国連携協定によって、協定締結直後には韓国の対日貿易赤字が一時的に三八億ドルから六〇億ドル程度増加するものと予測されているが、長期的には対日貿易赤字は減り、全体の貿易収支も改善するものとみられている[8]。またGDPも長期的には、韓国で最大八%、日本で最大一〇%の押し上げ効果が期待できるとされている[9]。

(3) 「北東アジアビジネス経済圏」の可能性と課題

そこで注目を要するのは、上記の三社提携に代表されるような製造業ビジネス・ネットワーク形成の動きが日韓ＦＴＡと相乗作用を引き起こすことによって、北東アジアにおいても「ビジネス経済圏」形成の可能性が強まってきたということである。

① ソフト・インフラの整備

では、こうした可能性を現実のものとしていくための課題は何か。一つは、ビジネス・ネットワーク自体の発展を図るために、ビジネスに不可欠なソフト分野——特にＦＤＩの拡大にとって必要な金融・為替・通貨、情報通信、知的所有権保護などのソフト分野——からネットワーク・インフラを整備していくことである。この点で注目されるのは、ビジネス・ネットワークに最も深くかかわっている情報ネットワークシステムや金融・為替ネットワークシステムの面でやはり日中韓三国企業による北東アジア地域協力が動き出したことである。前者については、たとえば、「日中韓ＯＳＳ（Open Source Software）推進フォーラム」設立の動きがそれである。これは、無償基本ソフト（ＯＳ）である「リナックス」のビジネス分野での利用を三国の企業間で促進するために、三国企業がそれぞれ自国の「ＯＳＳ推進フォーラム」を創設して、それを軸にして三国企業が相互提携を強め、北東アジアにおけるリナックス対応型ＯＳソフト開発を加速させようという試みである。[10] 後者の金融・為替分野でも日中韓企業連携の動きが始まっている。日本の三井住友銀行は、中国銀行と韓国外換銀行との間で業務提携覚え書きを結ぶことで合意し、今後三行で国際業務分野におけるコラボレーションを強化していくとされている。[11]特に注目されるのは、業務提携の一環をなす外貨業務の中に在中の日本法人に対する人民元貸付業務も含まれる可能性があるという点である。[12]言うまでもなくこうしたソフト・インフラ整備の動きは、上述した北東アジアにおけるビジネス・ネットワークの発展に対して重要な役割を果たし、さらにそれを通じて「北東アジアビジネス経済圏」形成にも貢献することが期待されるのである。

しかも見落としてはならないのは、こうしたサービス・ソフト分野におけるネットワークづくりは、それ自体が新しいビジネスチャンスに繋がっているということである。前述したように、「経済のサービス化」とともにビジネス・プロセスにおける付加価値源泉もまたサービス・ソフト機能――すなわち企画・開発・設計機能と販売・サービス機能――へと次第に移行しており（図5－1参照）、製造業自体もこうしたサービス・ソフト機能と融合することによって新製造業へと変容を遂げつつあるが、そのことは、ビジネス・プロセスがネットワーク化された場合にはサービス・ソフト機能はますます重要性を増すということを意味している。そのことはまた、ビジネス・ネットワークにかかわる事業の重要性と役割もまた増大し、その結果、その事業に参入するサービス・ソフト関連企業にとってはビジネス・チャンスが大幅に拡大する、ということを意味しているのである。

かくして、製造業におけるビジネス・ネットワーキングとそれを促すためのソフト・インフラ整備は相乗効果を発揮する可能性を内包しており、そうした効果が期待通り発揮されるならば、「北東アジアビジネス経済圏」形成は一層促進されることになるであろう。

② ビジネス・ネットワークと日中韓FTAの補完関係

いま一つの課題は、日中韓FTA構想[13]の推進である。二国間ベースの日韓FTAに中国も加えることによって、それを三国間ベースに発展させることに成功すれば、〝線〟としてのFTAは〝面〟つまり北東アジア地域としてのFTAへと質的に発展することを意味する。したがって、二国間レベルでのFTA交渉とともに三国間レベルでのFTA論議を深めていくこともまた必要であろう。その際強調しておきたいのはFTAの内容である。東アジアレベルで先行しているFTAづくりの場合、前述したとおり、その構想の中にはビジネス・ネットワークの発展と支援が重視されているが、実はこの点は、上述の文脈からも明らかなように、日中韓FTAの場合には特に重要である。それによって、「北東アジアビジネス経済圏」と日中韓FTAが強い補完関係を形成し、「北東アジアビジネス経済圏」の形成もまた加速されることになるからだ[14]。

注

（1）統合型産業とは、それ自体としては独自に価値を生み出すわけではないが、さまざまな単独製品を結合させることによって、新たな価値を生み出す産業のことである。たとえば、自動車産業や電気機械産業など機械工業からなる加工組立型産業や、情報通信機器、ソフト産業、情報通信システムなどからなる情報関連産業がそれである。支援型産業とは、海外で最終材を生産する際に必要となる高機能部品、高機能材料などの財を供給する産業である（伊丹敬之「第三の波をもたらす東アジアの発展」、日本経済研究センター『日本経済研究センター会報』一九九七年五月一日／一五日、参照）。

（2）ソリッド・データ・システムは、ＣＡＤ／ＣＡＭデータのソリッド化から始まり、今日ではＣＡＤ／ＣＡＥ／ＣＡＭ／ＣＡＴと製造過程のプロセス全体にかかわるデータのソリッド・ネットワーク化へと発展している。なおこの問題は図６－２、６－３におけるＣＡＬＳシステムにもかかわっている。

（3）クラスター・ネットワークは、いわゆる〝ダイヤモンド理論〟における「要素条件」のネットワーキングによって形成される。詳しくは、拙稿「A proposal of Asian Green Manufacturing Network — For the Formation of Asian Environmental & Economic Zone —」(Journal of Niigata University of Management [No. 9]) Chapter 2・Section 2・2「The case of cluster」p. 32 および p. 35 [Note 6] を参照のこと。

（4）〝ビジネス・ネットワーク〟は、次の六つの〝コンデュイット（conduit: 導管）〟によって支えられている。最初は、エネルギーおよび資源の流れからなる〝エネルギー・資源コンデュイット〟である。第二は、流通、物流および国際物流を伴った財の流れからなる〝財のコンデュイット〟である。第三は、労働力、技術、ノウハウそして知識を含むヒトの流れからなる〝マンパワー・コンデュイット〟である。第四は、グリーン調達、リサイクルなど環境保全にかかわる〝エンバイロンメンタル・コンデュイット〟である。第五は、サービス、ソフトウェアを含む情報の流れから〝インフォーメーション・コンデュイット〟である。最後は、資本、資金さらには外国為替を含むカネの流れからなる〝ファンド・コンデュイット〟である。そして以上六つの〝コンデュイット〟をコーディネートする役割を担っているのが〝インフォーメーション・コンデュイット〟にほかならない。インフォメーション機能とは本来媒介機能でもあるからだ。ビジネス・ネットワークが、企業情報ネットワークシステムの発展とともに台頭してきたのはこのためである。ビジネス・ネットワーク〟がこのように広汎な経営資源にかかわるのは、〝ビジネス〟という概念を企業活動全体を意味するものと広義に理解するからである。逆にそれを単に企業間の取引関係と狭義に捉えるならば、かかわる範囲は大幅に限定されることになる。本稿では、〝ビジネス〟という言葉を前者の概念すなわち広義の概念として理解しているがゆえに、「ジネス・ネットワーク論もまた上記の六つのコンデユイット論にかかわるのである。

（5）東アジアＦＴＡ構想については、拙稿「The East Asian Economic Zone and Japanese local economies — The significance of the East Asian FTA for Japanese clusters —」<a tentative title>［URL; http://www.with-online.com/yasuhiko/kiyo10030420.htm］（新潟経営大学紀要第一〇号［掲載予定］投稿論文）を参照のこと。

（6）『日本経済新聞』二〇〇三年八月二一日より。なおサムスン電子は、他方で薄型テレビ向けなどの液晶パネルを韓国で合弁生産することでソニーとも基本合意したと伝えられる（『日本経済新聞』二〇〇三年一〇月一七日より）。

（7）投資協定とは、自国に進出した相手国企業を自国企業と同等に扱う内国民待遇などを保証する協定のことである。

（8）『日本経済新聞』二〇〇三年一〇月三日より。

（9）同前。

（10）『朝日新聞』二〇〇三年八月三一日および『日本経済新聞』二〇〇三年一一月一四日を参照のこと。

（11）中国情勢二四（二〇〇三年八月一九日）より。

（12）尹紅光（新潟経営大学・蛯名ゼミ生）「日中韓企業の企業連携」より。

（13）日中韓ＦＴＡ構想については、拙著『日中韓ＦＴＡ構想――〝北東アジア共生経済圏〟をめざして――』（仮題。明石書店刊［予定］）を参照されたい。

（14）日中韓ＦＴＡによってその形成が促される「北東アジアビジネス経済圏」は、他方では北東アジアおよび東アジアにおける「共生経済圏」形成に結びつくことになるが、この点に関しては、やはり注（13）で挙げた拙著を参照されたい。

6 東アジアの労働力編成と再編のシナリオ

小林 良暢

はじめに

二〇〇四年春闘は、日本経団連が、経営側の春闘方針である「経営労働政策委員会報告」で、賃金のベースダウンも視野に入れた強い姿勢を打ち出し、それを貫徹したところに特徴があった。

朝日新聞の記事によると、日本経団連がベースダウンや定昇制度の廃止に踏み込んだのは、「高い人件費、地価、物流費などの高コスト構造を改善しなければ、将来的に日本の国際競争力を損ないかねないという経営側の危機意識の表れだ」と解説している。続けて同紙は「中国の現場労働者の賃金は、日本の二〇分の一とも五〇分の一とも言われ、日本経団連の奥田碩会長（トヨタ自動車会長）は、折に触れて『人件費を含む日本の高コスト体質』に言及しており、〇二年春闘の際に、労使交渉にあたるトヨタの経営陣を『ベアは論外だ』と一喝したと伝えられる」(1)と説明している。

ここにでてくる〇二春闘というのは、この年連合内でも賃上げの要求をする組合と、しない組合の二つに分かれ、春闘の要である金属労協（ＩＭＦ・ＪＣ）でも、電機連合、鉄鋼労連が賃上げ要求を見送り、他方自動車総連は果敢に賃上げ要求をかかげて闘いを挑むという「分裂春闘」となった春闘のことである。〇二春闘における賃上げ要求の乱れは、ＪＣ内部にもいささかの不協和音をもたらしたが、この時の自動車総連、電機連合の双方の考え方の背景には、いまから思えばそれぞれの産業がかかえる構造的問題に対するポジショニングの違いがあったと思える。

その年の三月期決算は、自動車とりわけトヨタは史上最高の利益を上げたのに対して、電機企業は大幅減益や赤字転落が出るなど厳しいものであった。こうした電機産業の不振は、世界的なＩＴバブルの崩壊に加えて、韓国・中国製品の逆流による価格破壊にさらされ、他方電機各企業が国内の高賃金コストの重圧に耐えかねて、こぞって生産拠点のアジアとりわけ中国への移転を強め、国内工場閉鎖による雇用問題の発生する、などの構造危機に直面していた。当時、電機連合の鈴木勝利委員長は記者会見で、「電機や鉄鋼はアジア・中国との国際競争にさらされているが、自動車は先進国同士の競争だ。電機産業だって、アジア・中国との競争がなければ楽なものだ」と、賃上げ要求見送りの背景をこう説明していたが、春闘賃上げ要求見送りの背景には、電機産業のかかえる構造問題、しいて言えば日本経済の構造問題の核心があった。

こうして始まった〇二春闘は、最初から結果が見えていたと言ってよく、定期昇給の維持すら確保できないところも現れるなど、さんざんのものとなった。だが、勇躍賃上げ要求を掲げた自動車総連は、あのトヨタで経営側が当初労使関係への配慮から有額回答を用意していたようだが、日経連労務委員会の場でその意向を報告したところ、奥田碩会長から「その回答はトヨタ経営陣総体の意向か」と一喝されて、結局トヨタもゼロ回答になったというのが、冒頭の話である。

朝日新聞も、上記の解説文で〇四春闘について、「このところ景気回復の兆しが見えるものの、内需拡大によるものではなく米国の景気回復に引っ張られている不安定な側面もある。わずかな業績回復分をベアに振り向け将来の固定費増を招けば、業績が悪化した時に対応できないばかりか、国際競争力に影響しかねないというわけだ」と締めくくっている。

二〇〇二年を画期としてとして始まった春闘体制の崩壊は、かつて〝ジャパン・イズ・ナンバーワン〟といわれて以降、世界に冠たる日本産業の比較優位構造に、その深層で地殻変動が起こっていることの予兆ではなかろうか。そしてそれを突き動かしているマグマの基は東アジア諸国とりわけ中国にあり、それらを含めた東アジア地域全体の産業と労働の再編という歴史的な大変動の過程のなかで、わが日本産業の再生のシナリオを考えようというのが、本章のテーマである。

1　崩壊する比較優位構造

二〇〇二年の春闘で賃上げ要求をした自動車総連とそれを見送った電機連合に分岐したが、どうし

図6－1　主要3産業の生産者物価の推移

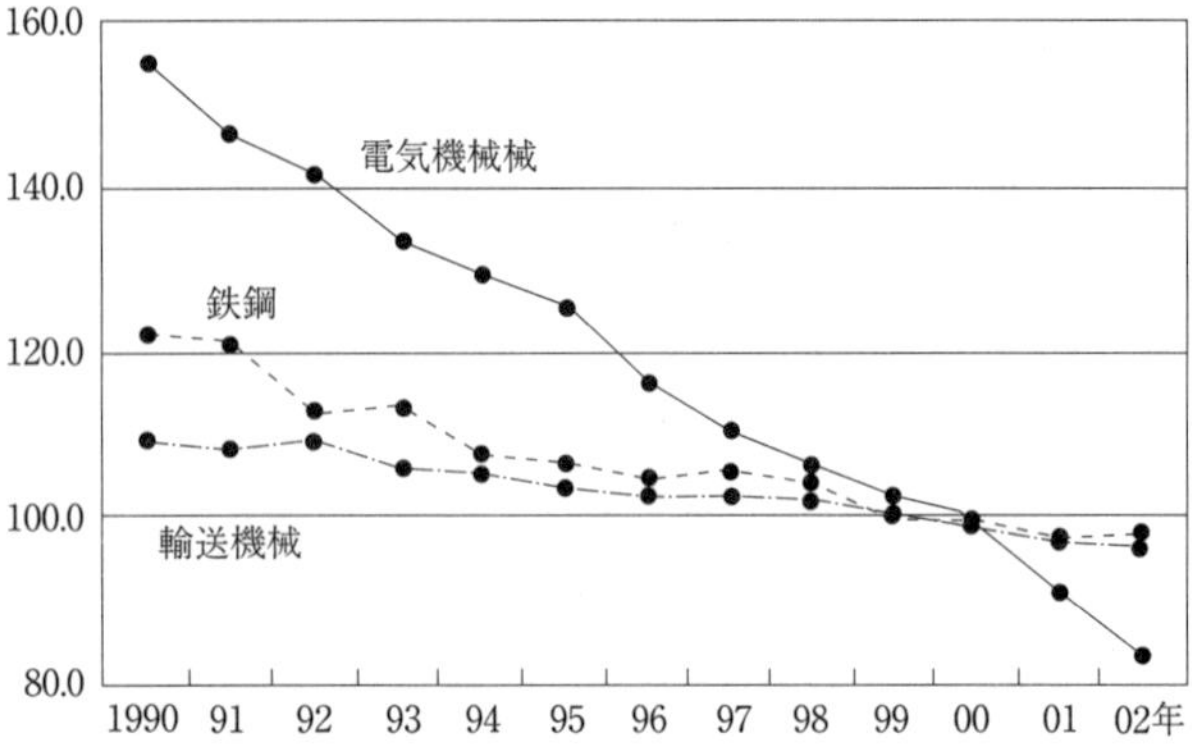

出所：日本銀行「企業物価指数」。

てそういうことになったのかは労働組合の問題というよりも、それぞれの産業事情がその背景にあったと考えられる。このことは、わが国の労使関係のうえで二〇〇二年の春闘において顕在化したが、実は九〇年代を通じて徐々に進行し、現在も継続しているとみていい。

まず、一九九〇年から二〇〇二年までの、わが国の主要三産業の生産者価格の動向を図6－1に示した。これによると、〝一〇年デフレ〟下における主要三産業の価格動向には、かなりの相違がみられるが、とりわけ同じ機械産業でもきわだった違いを見られる。電気機械は、この間に実に四六・〇%の下落と、暴落と言っていいほどの価格破壊にみまわれているが、これに対して自動車を中心とする輸送機械は一二・〇%の低下にとどまり、ほぼ横這いとみていい。

自動車、電機というわが国の二大産業において、どうしてこのような価格動向の極端なギャップが

図6－2　金属機械3産業の比較優位係数（RCA）

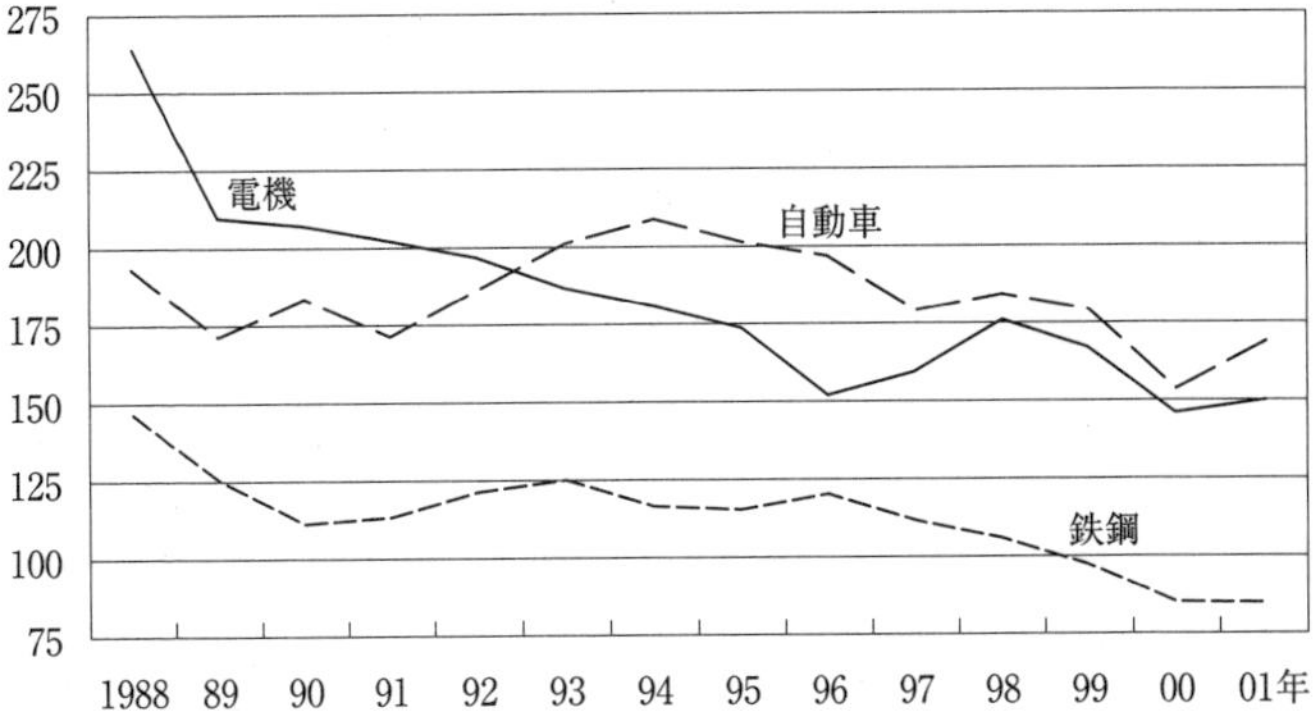

注：RCA＝（j国のi財輸出額÷j国の輸出総額）÷（世界のi財輸出額÷世界輸出総額）×100
出所：電機総研「ビジネスコストと企業の競争力」(2001年)。1997年以降は筆者の延長推計。

発生したのかは、産業組織やその構造、あるいはその製品特性から検討が加えられてしかるべきであるが、ここではこの二つの産業のおかれている彼我の競争関係というか、それぞれの産業の国際競争力の明暗、もっと言えばアジア・中国と真正面で価格競争しているか否かということ、とりわけアジアとりわけ中国の低賃金との競争にさらされて、わが国の高賃金というコスト問題が顕在化しているかどうかにつきると考える。以下この仮説に基づいて検討をすすめることにする。

そこで、一九九〇年代におけるわが国主要三産業の顕示的比較優位係数（RCA）の推移を観察してみよう（図6－2）。一九八〇年代には、国際競争市場におけるわが国産業の比較優位は圧倒的なものがあり、電機連合の高コスト構造研究会の報告によると、顕示的比較優位指数（RCA）は、一九八八年には主要三産業そろって一〇〇・

○（比較優位と比較劣位の境目）を大きく上回り、ともに圧倒的強さを誇っていた。しかし、九〇年代に入ると、まず鉄鋼産業が九〇年に一一〇まで落ち込み、その後は比較優位を割り込む水準で推移し、国際市場におけるわが国産業の圧倒的優位体制は、まずその一角が崩れた。

これに対して、自動車、電機の二強産業は、総じて国際市場における圧倒的な競争力を維持しつつも、対照的な動きを示した。電機産業の比較優位係数は一九八八年当時二六三・四と、世界の平均二・六倍の強さを誇っていたが、九〇年代に入って年々低下傾向を示し、九〇年には二〇〇・〇を割り込み、九三年にはこれまで常に高い位置から自動車に逆転され、その後九〇年代の後半には一五〇・〇の水準をも切り、二〇〇〇年代に入っても同様で、明らかに国際競争力にかげりがみられつつある。一方、自動車産業は、電機を抜いた一九九三年以降も二〇〇前後の高い水準を維持し続け、依然として国際市場における優位を誇っている。

高度成長期をリードしてきたわが国産業の〝クリーンアップ〟のうち、九〇年代初頭に鉄鋼産業が抜け落ち、残った〝飛車角〟も九〇年代後半には電機という一角がずり落ち、いまや日本産業は自動車産業の〝飛車一枚〟になってしまった。では、なぜ電機産業が〝クリーンアップ〟落ちしたのか、その点をみていくことにする。

比較優位係数が低下してきているということは、言うまでもなく日本の電機製品の世界市場におけるシェアが下がっているということである。試みに、代表的な家電機器の世界における日本の生産シェアを示すと図6－3のとおりである。すなわち、ＶＴＲは一九九〇年当時、日本は世界の六〇・

図6-3　家電製品の世界シェアの日中逆転

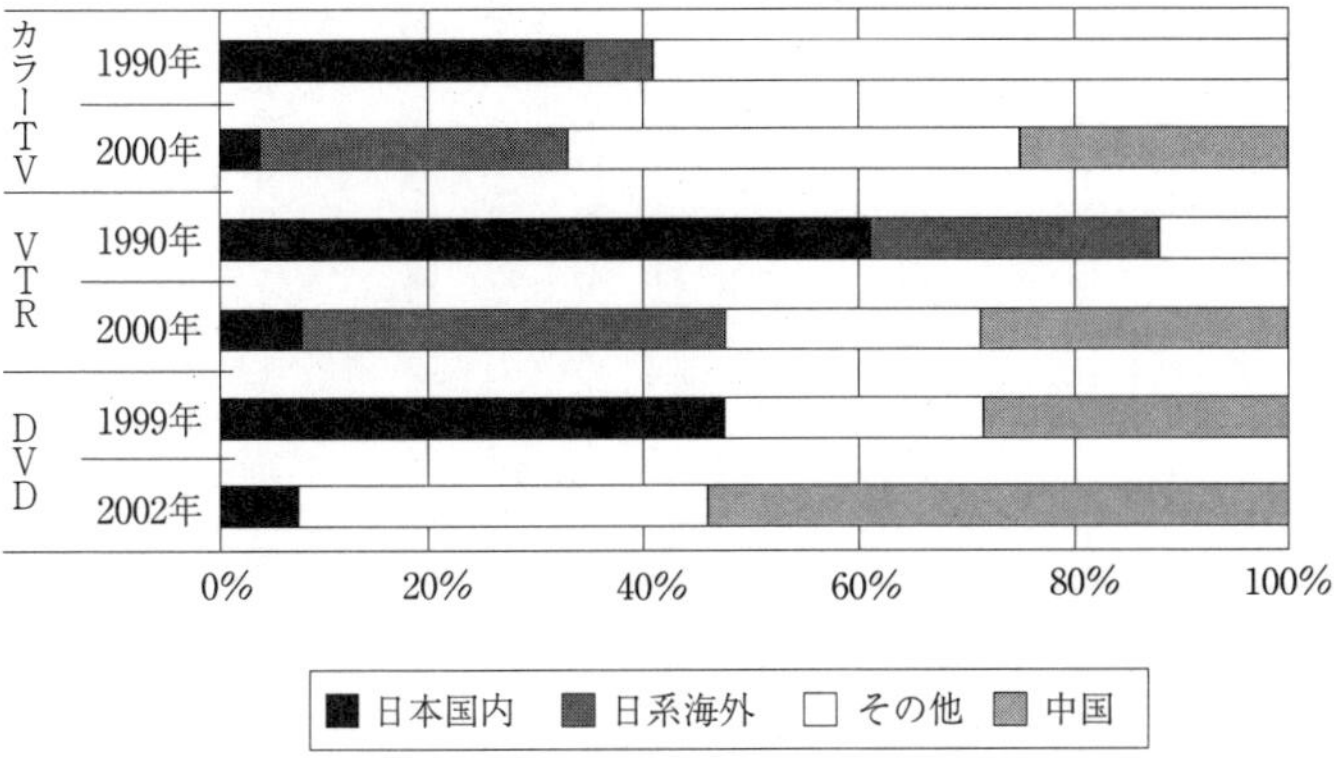

注：家電製品協会『家電産業ハンドブック』（2002年）および電子情報技術産業協会、電子部品部会調べに基づいて作成。

七％を生産していたが、二〇〇〇年では八・三％まで低下している。カラーテレビも、同じく三四・二％から三・八％まで低下しており、もちろんこれに代わってアジアおよび中国が世界シェアを伸ばしている。さらに、市場に登場して三年足らずのＶＤＶについても、早くも中国がシェアを拡大している。

この原因は、アジア諸国とりわけ中国の産業発展があり、賃金コストの相対比の優位性に基づく製品の価格競争力の優位性にある。

この点について、日本経済研究センターが興味深い研究報告書を発表している。製品価格は労働生産性と賃金コストによって決まるから、この研究報告書は、日中・日韓の労働生産性と賃金コストの比較することによって、それぞれの間における産業の国際競争力を比較した。その結果、たとえば一九九〇年時点で電機機械の生産性格差は日本が中国の四〇倍であったものが、二〇〇〇年には一〇倍を切るところまで落ちてきている。輸送用機械でも二〇〇〇年時点では二〇倍弱まで低下してきている。仮に、「技術的に優位にあっても、それだけではその産業の国際競争力があることを意味しない。日本が外国に比べて技術的な相対比を上回る賃金を支払っている場合、日本の産業の製品価格は中国や韓国の製品価格を上回ってしまい、結局、価格面での国際競争力には劣ることになる(2)」と、この報告書は指摘している。

鉄鋼、電機では、すでにこのことが現実に起こっているのである。自動車産業がまだ比較優位を保持していると思えるのは、まだ自動車産業が基本的には先進国型産業で、アジアとりわけ中国と真正面で競争していないからだ。しかし、オートバイでは中国の追い上げで比較優位の基盤は失われつつあり、またいずれ中国が、軽自動車を手がけ、さらに乗用車で価格競争を仕掛けてこよう。冒頭の奥田日本経団連会長の危惧は、まさにその日が近いということなのだろう。

2 「高賃金コスト」と「雇用の硬直性」

アジアとりわけ中国のキャッチアップにさらされた日本産業、なかでも追いつめられた電機産業では、九〇年代後半以降なんとか生き残ろうと必死にもがいてきた。電機企業各社ではやはり言葉のように事業領域の「選択と集中」が声高に叫ばれ、生産拠点の海外シフト、国内工場の整理・統合、それに伴う大規模雇用リストラが断行され、賃金・処遇制度への能力・成果主義の導入など、新聞や週刊誌を大いに賑わした。

しかし、その成果の程はというと、鳴り物入りで始められた雇用リストラにしてからが、早期退職割増で通常の会社都合の退職金に四〇カ月とか五〇カ月とかのプラスαがつき、総額で四〇〇〇万円とか、いや七〇〇〇万円とか、なかには管理職で一億円近くもらったのがいるとかという話が伝わり、週刊誌では「大名リストラ」と揶揄されるありさまで、当座の〇三〜〇四年決算の収益改善には寄与したようにみえるが、経営上の問題の核心である相対的な「高賃金コスト」と「雇用の硬直性」という問題には根本的に踏み込めないままで、先送りされてきた。

これでは、追いつめられた電機産業の再生はおぼつかなく、とりわけ国内における生産工場はいずれ徐々に消滅していくしかないということになる。しかし、製造現場においては静かな変革の兆しがみえつつあり、この「高賃金コスト」と「雇用の硬直性」を一挙に解決する「大手飛車取り」のような奇手が、現在電機各企業の工場現場で深く静かに進行している。

最近、工場見学やヒアリングで工場を訪ねて、工場の従業数を聞くと、たとえば正社員で一〇〇〇人いるというような答えが返ってくるが、でも工場の規模や駐車場、食堂のスペースから、それだけですかと聞き返すと、外部から五〇〇人とか一〇〇〇とか人が入っています、と言われて納得することが多い。一昔前なら、外部といえば関係会社、協力会社と決まっていたが、いまは資本関係のない人材会社が一〇〇人、二〇〇人単位で労働者を出し、それが数社入っているという話になる。

工場に人を出す会社は人材派遣業だが、製造派遣は法律で禁止されていたため、請負契約にしているが、実態は変わりなく、電機・精密各工場では九〇年代後半以降急拡大し、これに応じて請負ビジネスも急成長している。電機大手の大リストラの後、それら大工場から請負会社に対する引き合いが殺到し、二〇〇二年の秋から〇三年にかけて請負業界は「リストラ特需」に沸いたが、〇四年春からは派遣法の改正で製造派遣が解禁になり、請負・派遣双方とも渾然一体となって勢いづいている。

製造請負業界はすでに市場規模一兆円とも言われ、そのなかには関西大手のクリスタル・グループのように「クリスタル、クリスタル」といったテレビコマーシャルを打つところもあれば、横浜に本社をおき電子デバイスの高度技能の製造請負を得意とする日本エイムのようにジャスダック上場第一号を果たしたところもある。

これらの製造請負ビジネスの会社案内には、「お得意様先企業」が並んでいるが、そこにはソニー、リコー、キヤノン、松下電器、京セラ、村田製作所等々……名だたる国際優良企業が名を連ね、先端企業ほど、そして元気な企業ほど工場丸ごと請負に任せる「一括請負」が多いというのが、業界の常識になっている。

請負の活用は、いまのところ電子・精密機械産業で多い。自動車産業では部品および軽自動車の分野で始まっているが、乗用車の組立て工程では期間工中心で、請負の活用はいまだである。しかし、トヨタでも九州の宮田工場で請負活用のトライに入るという話が伝えられる。

なぜ、これらの大企業が請負をつかうのか、その構造と実態については、筆者他の文献の紹介にとどめるが(3)、「高賃金コスト」と「雇用の硬直性」問題の一挙的解決にからめていうと、それは「コストダウン・メリット」と「雇用のテンポラリー化」ということである。

「コストダウン・メリット」とは、請負を活用すると、正社員で工場を運営していたときに比べ、工程請負で約二割、工場一括請負でおよそ三割のコストダウンが可能になるという。この、理由は人件費、賃金の安さにある。電機の正規労働者と請負労働者の賃金格差は表6－1のとおりで、一般工員のレベルで正規に比べて請負の賃金は二割程度低い。この表は、データの制約上、正規の請負の年齢をきちんと揃えることが出来ないが、一般工員レベルの三三歳に合わせると、格差は三割程度になる（この場合、正規労働者は二八万円弱）。

表6－1　正規・請負労働者の賃金格差

（括弧内は％）

	電機正規労働者		請負労働者	
管理者	40.0歳	32.5万円 (100)	41.9歳	28.6万円 (88.0)
リーダー	35.0	29.2 (100)	36.8	24.3 (83.2)
一般工	30.0	25.3 (100)	33.4	19.9 (78.6)

出所：厚生労働省『雇用構造特別調査』および電機連合『労働ハンドブック』。

次に「雇用のテンポラリー化」である。請負を活用する工場は、先端エレクトロニクスの工場が多いと言ったが、これらの工場が生産する製品は、技術革新のスピードがきわだって速く、極端な話「今日つくっている仕事が、明日あるかわからない」と言われるほど、半年、いや三カ月くらいの製品サイクルである。したがって、いま売れている製品が次のサイクルでは在庫の山ということが、よくあることで、それに併せて雇用もテンポラリー化しておかないと、莫大な経営リスクを抱え込むことになるのである。

正規雇用から雇用の外部化を通じて、「コストダウン・メリット」と「雇用のテンポラリー化」を図ることで、とりあえずアジア・中国の追い上げに対して、国内での製造の生き残りをはかる、というのが当面の対応であるが、果たして中・長期にわたって、これでいけるのだろうか。

3　低賃金モデルと雇用のテンポラリー化

この問題を考えるにあたって、EMS（Electronic Manufacturig System）についてふれたい。EMSについては、筆者が別の論文[4]でくわしく紹介しているので、ここでは以下要約しておくことにする。日本でEMSが注目されるようになったのはこの数年のことであるが、世界では九〇年代のアメリカでは時代を代表するビジネスモデルで、すでに全世界のエレクトロニクス生産の二〇%をEMSが占めており、二〇一〇年には七〇%に拡大するだろうと言われている。なぜ、EMSがエレクトロニクスの世界でこんなに隆盛を極めているのだろうか。

一般の通俗的な説明では、EMSモデルは大手のエレクトロニクスメーカーの工場を設備従業員ごと買い取り、生産工程からベネルトコンベアーをなくして生産効率を向上させ、また部品調達コストを低減して、さらにいくつものメーカーからの委託製造を引き受けるからだと、言われてきた。しかし、そんな理由であれば、あのIBMだって、ソニーだって、松下だって、とっくにやっていたはずで、EMSだけが〝勝ち組〟になったという説明にはならない。

図6－4 Jabil のグローバル EMS モデル

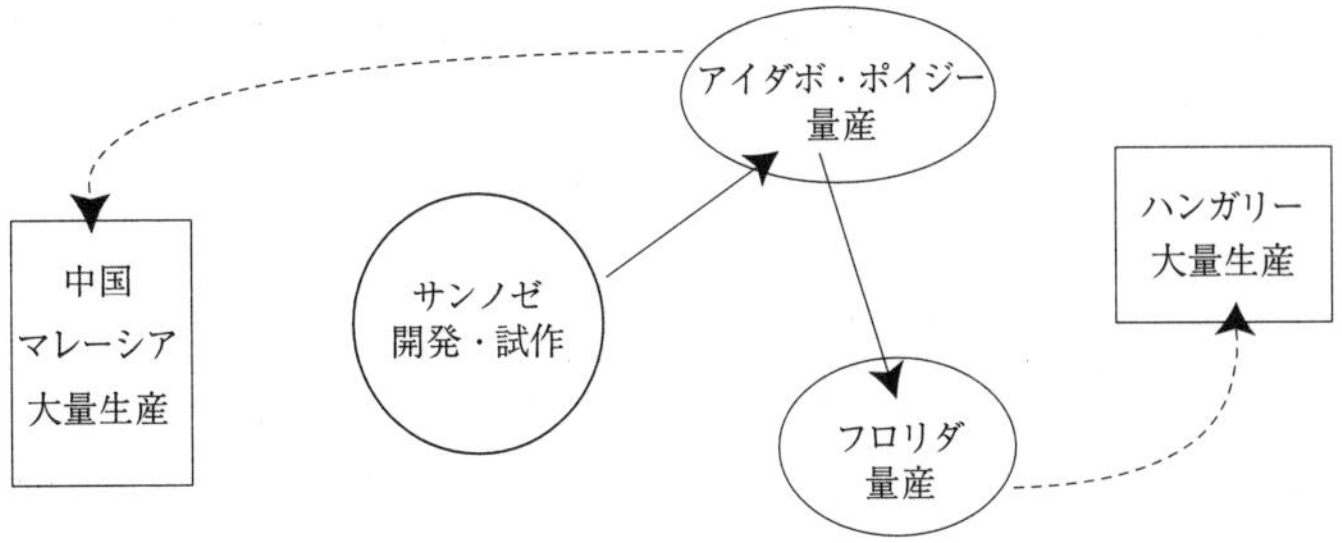

結論を先に言うと、ＥＭＳモデルの本質には「低賃金」と「雇用のテンポラリー化」という二つの要素がある。筆者は、昨年二〇〇二年、電機連合のアメリカＥＭＳ調査に参加して、ＥＭＳトップ5の一つジェイビル・サーキットのサンノゼ工場を訪れた。ここは、もともとヒューレット・パッカードのプリンターの工場だったものを買い取ったのであるが、この工場はＥＭＳの工場とはいっても、製造は行っておらず、クライアント企業から開発・試作を請け負う工場に特化している。なぜかというと、サンノゼは世界一賃金が高いので、生産には適さないと言う。

ここで試作された製品がクライアントからＯＫがでると、いよいよ量産に入るわけであるが、それは図6－4に示すように、まず、たとえばヒスパニックが多くて賃金が安いアイダホ州のボイジーに持って行き、さらにキューバ難民が多くてもっと賃金の安いフロリダへ、そしてワールドワイドな本格的大量生産ということになると、さらに欧州向けはハンガリーの工場へ、そしてアジア向けは当初はマレーシア、現在では中国で行っている。

このようなことは、ジェイビル・サーキットに限らずソレクトロンも、またフレクトロニクス、SCI、セレスティカなど米系巨大EMSも皆同様であるが、その本質は「低賃金」ビジネスモデルということである。

また、もう一つの要素の「テンポラリー雇用」については、八〇年代から続いたリストラクチュアリングを通じて、アメリカでは業務請負、派遣、オンコールの三つのタイプのテンポラリー労働者が、一九九九年で全就業者の四二・八%に達している。(5) ヨーロッパでは、ワークシェアリングを通じて雇用の柔軟化によって就業形態の多様化が進み、イギリスはパートタイム・テンポラリー併せて全就業者の三〇・七%、フランスでは同じく二七・六%、ドイツでも二三・六%である。日本は、前述のような形で二五・五%である。ちなみに、韓国では九七年の金融危機以降、加速度的に「雇用のテンポラリー化」が高まり、パート・テンポラリーと合わせて五五・九%に達している。(6)

このように先進諸国で、「低賃金」と「雇用のテンポラリー化」が今日の世界的な潮流になりつつあるが、なぜ九〇年代に先進国で共通してこうした潮流が起こったのであろうか。共通するキーワードは、グローバリゼーションである。

この問題を解くカギは、日本と韓国・台湾・中国といった東アジアという地域の九〇年代におけるドラスティックな関係変化をみると、きわめて理解しやすい。

経済学には、ストルパー＝サミュエルソンの生産要素価格均等化の定理という理論がある。生産要素価格均等化の定理とは、財の自由な輸出入が保証されていれば、賃金の高い国の労働者も、生産要素が等しくなるところまで引き下げを免れないというものである。

もう少し具体的に言うと、ある製品の輸入浸透度が高まると、当該産業の企業は、単純労働者の賃金を引き下げようとし、その結果高度労働者の賃金が相対的に上がり、格差は拡大するが、こうした状況になると高賃金熟練労働者の雇用を調整しようとする圧力が働くので、そうすれば賃金コスト全体は低下する。こうした関係は、この間日本でも起こっていることをみれば、感覚的に容易に理解できよう。

こうした理論的な連鎖が成立するには、資本の移動が活発化し、近隣諸国のキャッチアップが促され、相互の輸出入が飛躍的に拡大するという条件が必要である。グローバリゼーションは、商品貿易と資本の移動を増長し、さらに技術の伝播（これは合法・非合法を問わない〝近隣効果〟）を通じて、「要素価格均等化定理」をより現実的に貫徹しているのである。(6)

この要素価格均等化の過程では、当然先進国に対して長期の均等化圧力が加わることになるが、これは有り体に言えば長期停滞とその中での相対化された賃金調整が避けられない、ということである。

4　労働力編成の東アジア的な格差構造

要素価格の均等化が貫徹する過程で起こるデフレの衝撃が、東アジア地域において、最も強烈に発生しているのは、その地域特有の労働力編成の格差構造によるものである。

表6－2は、世界の三つの経済圏における、その中心国と周辺諸国の経済規模を比較したものであ

表6－2　世界の三極経済圏の格差構造（2001年）

（単位：百万人、ドル）

	東南経済アジア圏			ヨーロッパ経済圏		アメリカ経済圏	
	日　本	東南アジア	東アジア	E　U	周辺国	USA	周辺国
人　口 （格差）	127	1,881 （14.77倍）	1,353 （10.63倍）	377	389 （1.03倍）	284	520 （1.83倍）
1人当たりGNI	35,535	1,378 （1/26）	1,509 （1/23）	21,475	3,503 （1/8）	34,343	3,503 （1/10）

出所：矢野記念会『世界国勢図絵』（2003年）。

る。ヨーロッパ経済圏をみると、EU一五カ国と周辺国の人口規模を比較すると一・〇三倍とほとんど同規模、所得は八分の一の格差である。アメリカ経済圏でも、人口で一・八三倍、所得面でも一〇の一の格差である。これに対して、アジア経済圏では、日本と韓国・台湾・中国とを比較した東アジアをみると、人口では一〇・六三倍、所得では二三分の一という巨大な格差が存在する。

このことの意味は、デフレの衝撃が格差の分だけ大きく、かつ要素価格の均等化の時間が格差分だけ長期化するということである。

この点を、労働力編成の格差構造の側面で、みてみよう。中国の就業者数は七億一千万人、これに対して日本は六四〇〇万人程度で、その格差は一一三倍である。しかし、製造業の就業者をみると、日本が一三〇〇万人に対して、中国八〇〇〇万人で、その差は六倍程度となる。ちなみに韓国は四〇〇万人で、日韓合わせても、中国はその四・七倍である。しかし、全就業者に占める製造業の比率は（図6－5）、日本、韓国の両国はいずれも二〇％の水準だが、中国は半分の一一・三％にすぎない。これは、日本と中国との労働力編成の間には、その量的格差ばかりでなく、質的な格差があることを物語っている。

図6-5　東アジア3カ国の就業構造

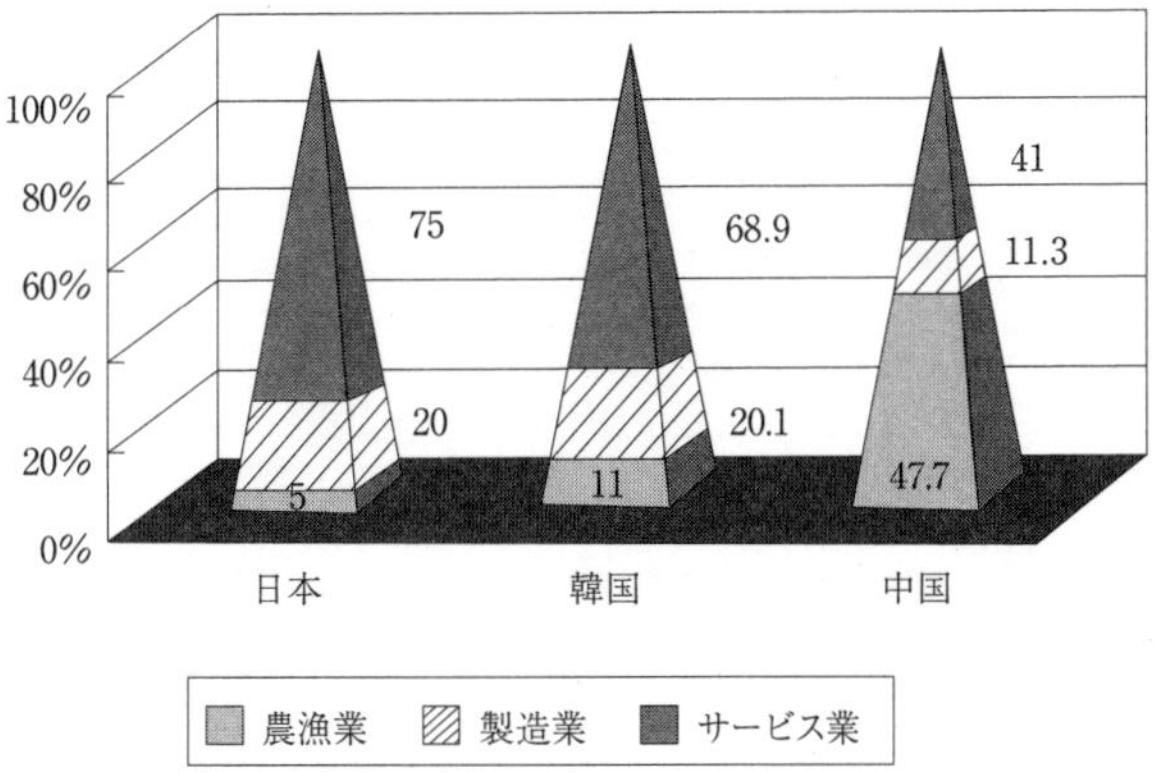

出所：日本労働研究機構編『データブック2003』（2002年）。

そこで、日本と中国との学歴別・産業別の就業者構造をまとめた（表6-3）。しかし、中国の産業・学歴別の統計が都市（城鎮）労働者についてしかとれなかったので、この統計の中国の全就業者に対するカバリッジは三三・六%である。日本との国際競争の直接の接点にいるのは、これらの就業者をかかえる産業・企業群であろうから、これで比較していいだろう。

一見して、中国は都市就業者でも農業の比率が高く、特に不就学と小学校卒では四割前後に達している。また日本の全就業者と中国の都市就業者の比較では、製造業の比率が中国が一七・六%、日本は一九・四%とほとんど差がないが、最も注目すべき点は大学卒の製造業比率で、中国は一一・一%であるのに対して、日本は一七・六%と高いことである。

ちなみに、製造業就業者の学歴別構成を日中比較したものをかかげておく（図6-6）。これから、日本では製造業の就業者の二二・九%が大卒以上の高学歴であるのに対して、中国は二・四%にすぎない。これ

表6－3　日本と中国都市（城鎮）労働者との学歴別就業構造の比較

（万人、%）

	農林漁業	鉱　業	製造業	電気ガス水道	建設業	運輸通信	卸小売	金融不動産	サービス	政府機関	合　計
中国											
不就学	1,240	26	237	18	61	47	448	11	379	29	2,633
小学校	2,990	136	1,068	88	407	327	1,467	32	1,355	72	7,972
初等中学	1,538	229	1,930	258	506	764	1,930	96	2,044	220	9,552
高等中学	125	43	576	145	111	268	450	108	786	234	2,849
大学	16	6	101	42	29	51	58	69	330	207	910
合計	3,519	431	4,213	814	1,077	1,748	3,926	646	6,081	1,652	23,916
不就学	47.1	1.0	9.00	0.7	2.30	1.80	17.00	0.4	14.4	1.1	100.0
小学校	37.5	1.7	13.40	1.1	5.10	4.10	18.40	0.4	17.0	0.9	100.0
初等中学	16.1	2.4	20.20	2.7	5.30	8.00	20.20	1.0	21.4	2.3	100.0
高等中学	4.4	1.5	20.20	5.1	3.90	9.40	15.80	3.8	27.6	8.2	100.0
大学	1.7	0.6	11.10	4.6	3.20	5.60	6.40	7.6	36.3	22.7	100.0
大学本科	1.7	0.5	10.40	2.7	2.90	4.40	4.20	6.7	44.9	21.5	100.0
研究生	0.6	0.2	6.30	2.2	2.40	2.60	3.70	9.3	47.1	25.2	100.0
合計	14.7	1.8	17.60	3.4	4.50	7.30	16.40	2.7	25.4	6.9	100.0
日本											
不就学	0	0	1	0	1	0.00	1	0	1	0	4
小中高	292	4	1,206	35	601	384	1,350	132	1,777	204	6,104
短大・高専	15	0	124	23	56	40	203	50	425	26	934
大学・院	9	0	233	9	79	53	248	87	517	81	1321
合計	292	4	1,224	35	610	391	1,458	236	1,834	206	6,319
小中高	4.8	0.1	19.8	0.6	9.8	6.3	22.1	2.2	29.1	3.3	100.0
短大・高専	1.6	0.0	13.3	2.5	6.0	4.3	21.7	5.4	45.5	2.8	100.0
大学・院	0.7	0.0	17.6	0.7	6.0	4.0	18.8	6.6	39.1	6.1	100.0
合計	4.6	0.1	19.4	0.6	9.7	6.2	23.1	3.7	29.0	3.3	100.0

出所：総務省『労働力調査報告』（2002年）、中華人民共和国・国家統計局『中国統計年鑑』（2002年）。

は、日本のほうが高度で付加価値の高い製造業であるという面と、そのわりには効率が悪く、高コストになっているという側面もあるが、この点はあとで論ずる。

この比率は、経済の発展段階と相関があり、国民経済のテイクオフするまでに二〇%程度まで高まってくるという経験則がある。図6－7は、一人当たり国民所得五〇〇〇ドル以下の国におけるGD

Iと製造業就業比率の相関をみたものである。これも経験則であるが、一人当たり国民所得「二〇〇〇ドル仮説」によると、この水準になるとなんらかの民主化が起こり、「三〇〇〇ドル」になるとモータリゼーションが始まると言われているが、このレベルになると製造業就業者比率も二〇％に到達する。ここから先は先進国の仲間に入りの段階に入り、サービス経済化の流れがでてくるので、製造業就業者比率は二〇％を上回る水準で収斂してしまうのである。

図6－6　日中の製造業就業者の学歴構成比較

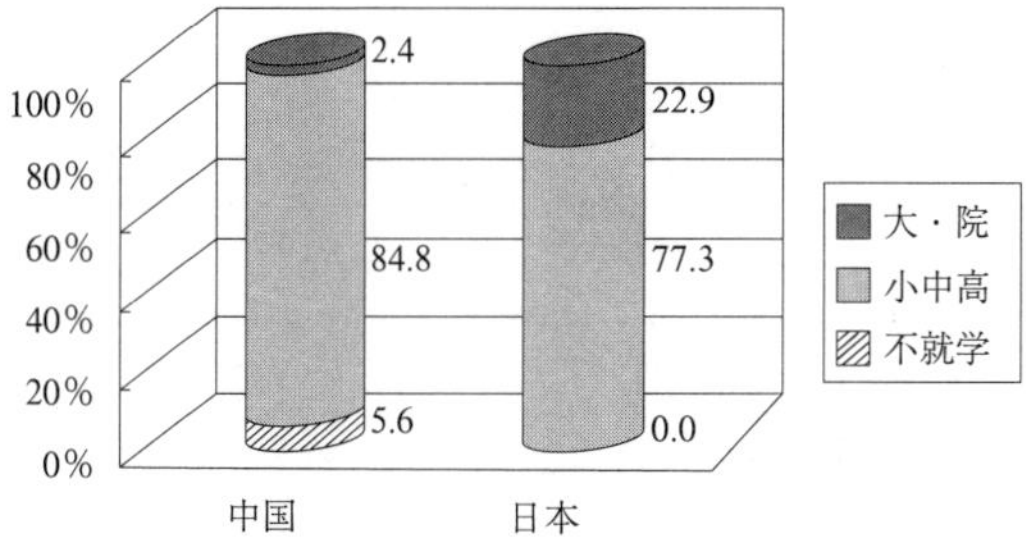

出所：総務庁『労働調査』(2002年)、中華人民共和国国家統計局『中国統計年鑑』(2002年)。

5　東アジアの労働力再編のシナリオ

中国は、現在の一人当たり国民所得が八八六ドル、製造業就業者比率が一一・三％の段階（二〇〇一年）であるが、これから二〇〇八年北京オリンピック、二〇一〇年上海万国博にかけて一人当たり国民所得が「三〇〇〇ドル」に向けてテイクオフしていくだろう。その過程で製造業就業者比率が「二〇％」水準に高まっていくものと推測される。図6－8は、日本・韓国・中国の三国の製造業就業者数の規模と賃金水準を、足許の二〇〇二年と中国の製造業就業者比率が二

図6－7　周辺諸国の１人当たり国民所得と製造業就業比率
（国民所得5,000ドル以下国）

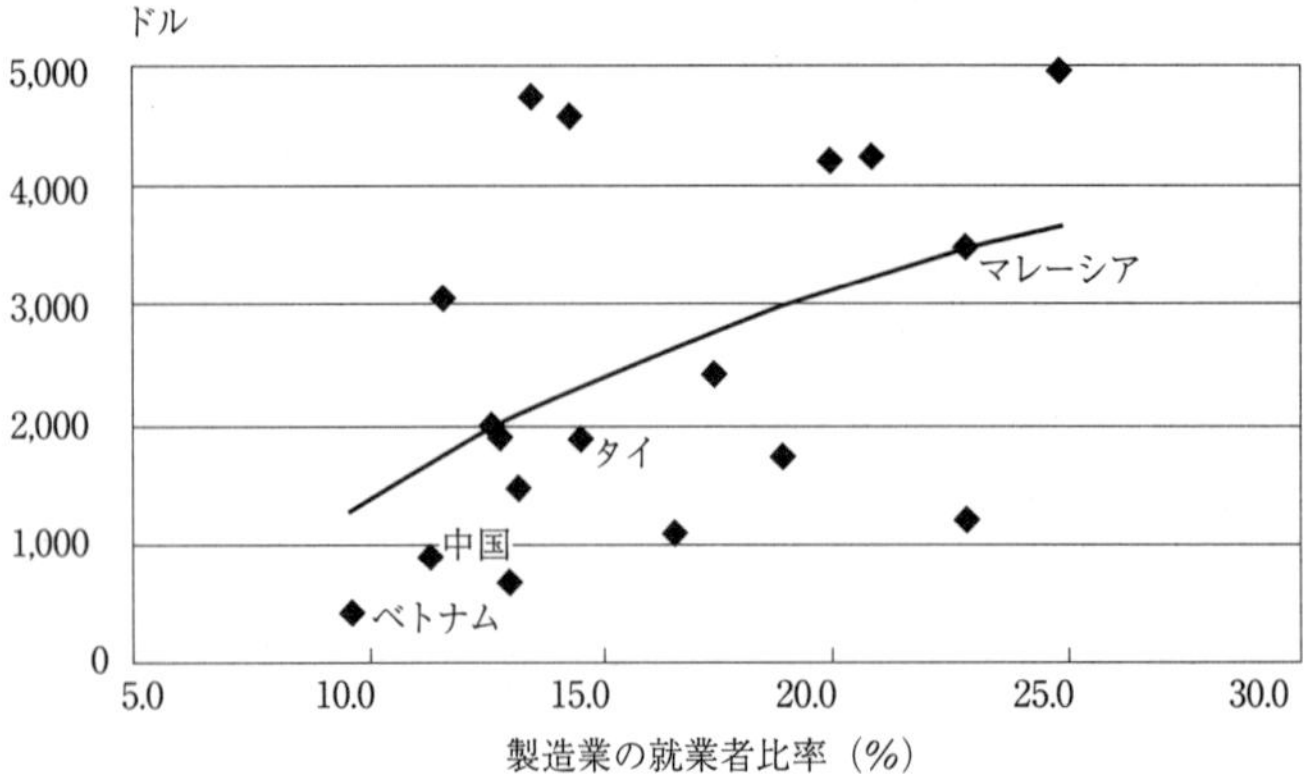

出所：第６－２表と同じ

○%に達する時点（二〇〇X年）を想定した予測概念図である。この時点で、中国製造業の就業者数は一億六〇〇〇万人を上回り、日・韓合わせてもほぼ一〇倍と、両国は中国に完全に飲み込まれることになる。もちろん、中国の賃金上昇のテンポ（図では矢印）がどの程度になるかにもよるが、いずれにしろ中国が「世界の工場」になるということは、そういうことである。このことは東アジアにおける労働力構造にインパクトを与えることになろう。

その過程において、中国の労働力編成の構造変化に主導されて、東アジア全体が、労働力の再編成を受動せざるをえない。日本もその例外ではなく、好むと好まざるとにかかわらず、その潮の流れの中で日本産業の再生・安定に結びつくような再編のシナリオを描くことが重要である。

すでに見たように世界の三極の経済圏のなかで

図6－8　日・韓・中3国製造業の就業者と賃金の予測概念図

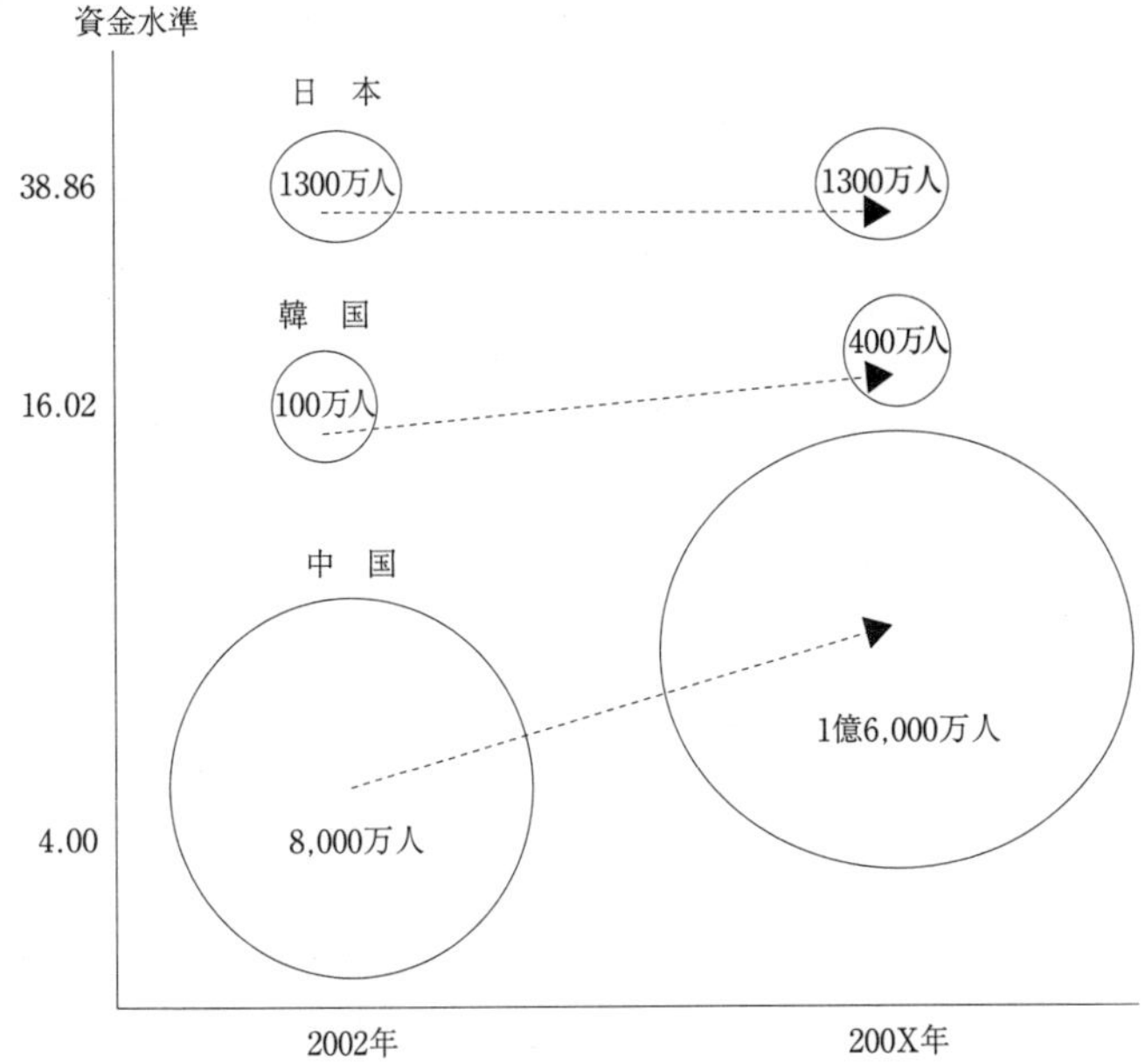

注：日本労働研究機構『データブック国際労働比較2003』（2002年）、生産性情報センター『活用労働統計　2003』により、X年は筆者予測。

も、東アジア地域はとりわけ格差の大きい地域である。しかし、反面おそらく二一世紀の最初の三分の一世紀ないしは二分の一世紀は、世界で最も成長性の高い地域であろう。幸か不幸かこの地域に所在する日本としては、禍転じて福となすの道理にならって、この地域に対して経済的にも政治的にもコミットメントを積極的に強め、そうすることのほうがわが再編のシナリオも描きやすい。

『日本経済新聞』に「薄型ディスプレー三国志」という興味深い記事が載った。[8] 液晶パネルの二〇〇三年の世界シェアは

「日本五〇％、韓国四〇％、台湾一〇％」だが、〇八年には「日本二〇％、韓国四〇％、台湾三〇％」になるとの予測を、魏・呉・蜀の三国志になぞらえて解説した大変面白い記事であった。ところが、三国が衰退した後覇権を握ったのは晋で、その晋に当たるのは中国だというオチがつく。しかし、この記事のポイントは、日本はカネ、設備、労働力という土俵の腕力勝負より、「知財の長城」という差別化の壁をどうつくるのか、という点である。

日本、韓国、中国の三国のそれぞれの得意分野やビジネスモデル、また技術水準や労働力編成の特質からして、ある種の相互分担関係モデルが考えられるのでないだろうか。たとえば、東アジアのこれからの産業・雇用編成を考えると、図6-9のようになろう。

中国は大規模・大量生産を担う広範な「世界の工場」となり、それを中期高等教育レベルの大量の労働者群が支える「大量生産モデル」である。韓国は、後期高等教育（大学）レベルの人材を生かした産業だが、規模の制約から、半導体DRMとか、液晶パネルとかの得意な分野に集中・特化した「カテゴリー特化モデル」にならざるをえない。

これに対して、日本は労務費コストの高さが制約条件になって、「世界の工場」型の大量生産モデルは困難で、高度の技術者、技能者、それに開発・試作型の中小零細企業の強みを生かした「研究・開発・試作・製造モデル」に特化せざるをえないことになろう。その際、研究開発のみに特化すると、産業全体としての衰退が起こるので、相対的により高度で先端・先駆的な分野で、製造は必ず維持する必要がある。

図6－9　東アジアの相互分担モデル

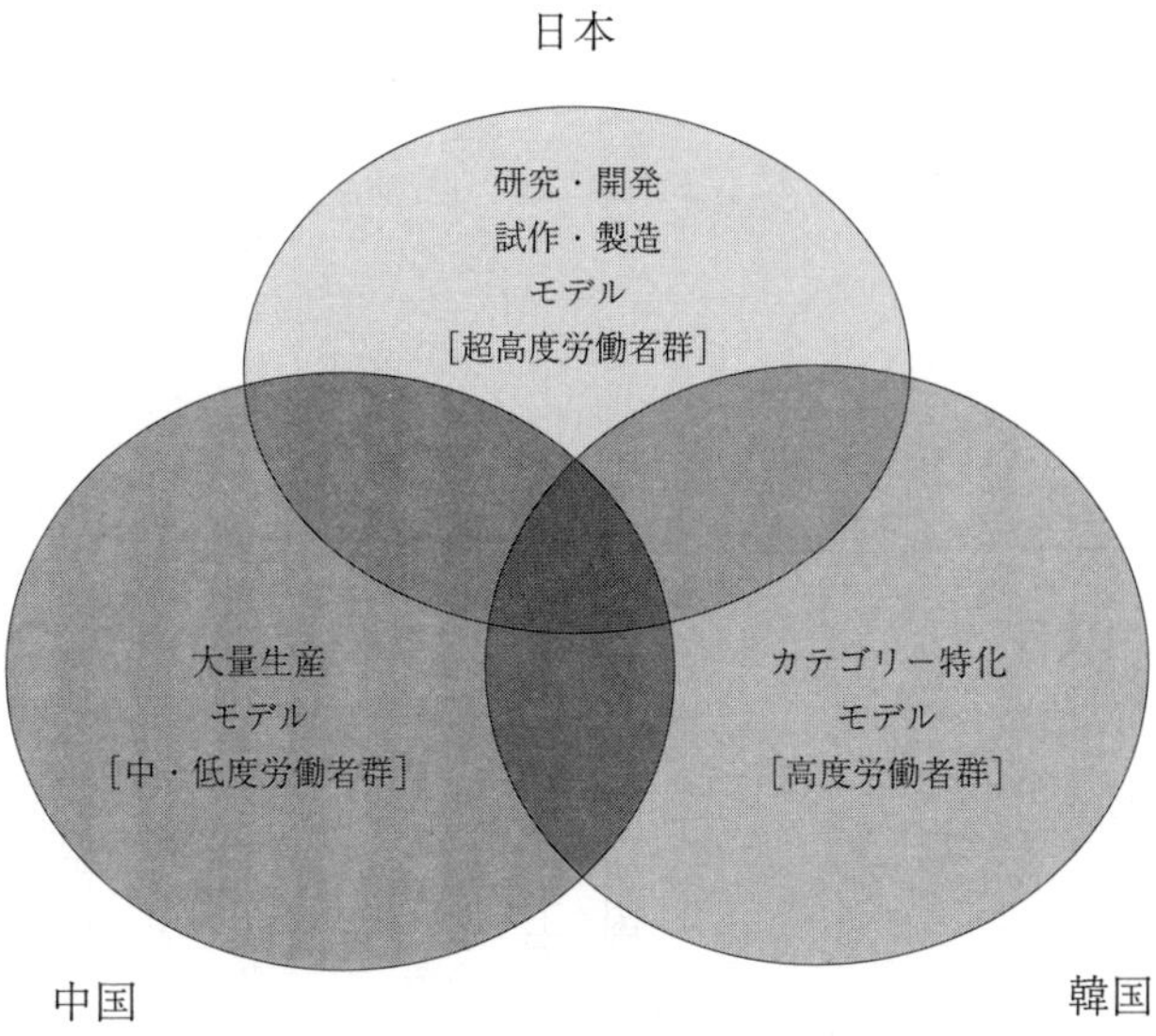

しかし、この分担関係は互いの分野を排除するものではなく、韓国や中国も開発・試作をやるケースもあり、逆に日本が大量生産を手がける場合もあり、円の縁が相互に重なり合った部分がそれで、何がそれになるかは技術水準、労務費コスト、市場特性によって決まってこよう。

「新三種の神器」といわれるデジタル家電にしても、デジダルカメラやカラープリンターに代表されるように、川上も川下ももちろんのこと、真中の製造のところをきちんと確立していないところには、世界シェアをとるような製品開発は生まれない。高学歴の就業者を抱える日本の製造業は、その強みを有しているが、一面ではそれが高コストの原因でもある。いくらやってもヒット商品を生まない技術者群や本社ビルにたむろするホワイトカラー群は、学歴の高い分だけベッド・コストが重荷になるので、これらの人材の「雇用の硬直性」を克服して、「雇用のテンポラリー化」をより図る必要がある。

その際、雇用・人材の分野でも、社内で必要なものと外部化するもの、何がコア人材で、何が周辺人材かを峻別し直す、雇用・人材面での「選択と集中」が必要となろう(9)。

日本国内で生産活動を堅持するためには、現在請負の活用等の労務費コスト削減が行われているが、中国からのコスト均等化圧力に晒されて、より一層の賃金の相対的な引き下げと雇用のテンポラリー化が避けて通れない。この点について労使ともに労働時間・要因・労務費コストのシェアリングを検討するとともに、正規労働者の賃金を相対的に引き下げつつ、正規・非正規の均等待遇を図る必要があろう。

また、学校教育における学力向上に再構築を図るとともに、労働者の生涯を通じてのキャリア・デザインの拡充を図り、労働力の質的向上を意識的に取り組む必要がある。そのためには、学校・大学・企業では勉強のできる生徒・学生や有能かつ成果をあげたビジネスマンを正当に評価するメリット・システムを確立する必要がある。

さらに、東アジア地域における雇用・人材面での結びつきが強まるにつれて、日本の対応がせまられよう。先般の東アジア共同体構想に対して、フィリピンのアレヨ大統領から看護婦・ベビーシッター・ホームヘルパーなどの労働力受け入れ開放の要望が出されているが、アジア地域との結びつきを強めるなかで、グローバル・アジア的な労働力編成の再編を考える時には、日本だけが外国人労働者の受け入れを頑なに拒否しつづけることは困難で、日本も少なくとも先進諸国のグローバル・スタンダード並みには外国人労働者の受入れを視野に入れていくことも必要となろう。

注

（1）『朝日新聞』二〇〇三年一二月一二日。
（2）日本経済研究センター「産業空洞化報告」（『日本経済新聞』二〇〇三年一月二七日付「経済教室」）。
（3）佐藤博樹・電機総研『IT時代の雇用システム』（日本評論社、二〇〇一年）。
（4）小林良暢「世界の最先端雇用事情」（正村公宏・現代総研『二一世紀グランド・デザイン』（NTT出版、二〇〇二年）
（5）日本労働研究機構『アメリカの非典型雇用』（二〇〇一年）。
（6）日本労働研究機構『データブック国際労働比較二〇〇三』（二〇〇二年）。
（7）W・J・イーシア（小田正雄・太田博史訳）『現代経済学・国際貿易』（多賀出版、一九九二年）、香西泰「日本経済停滞のリカードゥ・モデル」（『日本経済研究センター会報』二〇〇二年三月一五日号）。
（8）西岡幸一「薄型ディスプレー三国史」（『日本経済新聞』二〇〇三年一二月八日付）。
（9）この点については、小林良暢「雇用における選択と集中」（都留康・電機総研『選択と集中』有斐閣、二〇〇四年六月刊行予定）。

7 北東アジア地域統合の社会的側面と市民社会
――「ソーシャル・アジア・フォーラム」一〇年間の経験を通じて――

初岡昌一郎

はじめに

北東アジアの社会経済の発展、および展望はこの地域に共通の歴史認識を基盤にして可能になる。ここでは「ソーシャル・アジア・フォーラム」の活動の歩みを探ることから考察を始めてみたい。

私たちが「ソーシャル・アジア・フォーラム」を韓国、台湾の仲間とともに一九九五年に横浜で初めて開催してから早くも一〇年が経過した。このフォーラムは、その後ソウル、台北、福岡、北京、大阪、上海など、北東アジアの各地において毎年開催され、一〇回目は二〇〇四年一〇月に「東アジア共同体の将来と労働組合運動の役割」をテーマにソウルで行われる。

このフォーラムには前史があった。それは、一九九三年から三年間、「地方の時代」や「民際外交」

の提唱者である長州一二県知事（当時）率いる神奈川県の後援を受けて、武者小路公秀元国連大学副学長をチーフとした「アジア太平洋ローカル・ネットワーク」プロジェクトが組織された。そのマネージャー役であった吉田勝次国際問題研究協会事務局長（現姫路工大教授）から同プロジェクト労働部会の立ち上げを私が依頼されたのが契機であった。当時、私の主たる関心事は、国際労働基準とその適用にあり、アジア問題を特に研究していたのではなかったが、国際労働組合運動にそれまでに深くかかわっていたので、その人的ネットワークによって三年間にわたるプロジェクトの組織にかかわることになった。この企画に刺激されて国内で始めた研究会がのちにソーシャル・アジア研究会を名乗るようになり、これが「ソーシャル・アジア・フォーラム」を支える母体となってきた。

北東アジアにおいて「社会的公正」をテーマとした、実践的な研究交流活動が必要かつ可能となったのは、①飛躍的な域内の経済発展、②民主化と市民社会の成長、③グローバリゼーションの進行であったといえよう。われわれは、ソーシャル・アジア・フォーラムの討論とそれによって生まれた人的ネットワークを通じた交流によって、北東アジアの人々の運命が深く結びついていることを実感的により深く理解するに至った。またそのことを通じて、今日唱えられているような地域協力の促進にとどまらず、前途に「北東アジア連邦」のような、超国家的な統合展望するスキームを将来に向けて論議することが不可欠であると確信するようになっている。

グローバル化による世界市場の統合が進んでいるのにもかかわらず、この一〇年間、アジア、特に北東アジアの国家レベルにおける協力は政治的には停滞しており、経済レベルではほとんどみるべき質的な発展はなかった。それればかりか、むしろこの地域にはナショナリズムの新たな高揚が近年みられ、日本と域内の他の国との関係は逆行的となり、よく言ってもむしろ足踏み状態となっている。北朝鮮をめぐる諸問題から、特に日本においてナショナリズムがあまり健康ではない形で刺激され、軍事力の保有と行使に関して憲法的制約を大きく踏み越える事態が進行している。このことが北東アジアの協力にはマイナスの作用を明らかに及ぼしているのだが、国民の間にあきらめとも許容ともみえる無気力な雰囲気が生まれているのが気がかりだ。

その反面、日本、韓国、中国の三カ国に香港と台湾を含めた北東アジア的な経済圏はますます緊密化し、北東アジアの協力統合構想が活発に国内外で論議されるようになっている。日本国内においても、「アジア共同体」に賛成する主張が公然と展開されはじめた。しかし、こうした共通経済圏や自由貿易協定（ＦＴＡ）論議や提案のほとんどは経済分野に関するもので、政治的な環境づくりはほとんど軽視されているし、経済と密接な関係にある社会的側面も取りあげたものが皆無といってよいほどみられない。本論では、こうした問題意識から若干の提起をしてみたい。

1　民主化と市民社会の進展

グローバリゼーションが市場経済の世界化とともに民主主義の世界的拡大をもたらしたという指摘が一般的によく行われている。共産主義体制の崩壊と東西対立の解消後、情報や価値観が広く共有されるようになった結果として、政治体制としての民主主義が歴史的に拡大するプロセスが進行していることは認められる。しかし、経済の市場化は必ずしも民主主義を伴うとは限らない。民主主義が市場経済を基礎としてきたことは歴史的経験的に立証できるかもしれないが、市場経済が民主主義を必要としているとは断定できない。むしろ、市場経済と民主主義は緊張関係にあるとみるべきである。こうした観点からすれば、グローバリゼーションが民主主義の拡大を自動的にもたらすという議論に根拠がないだけでなく、グローバリゼーション自体が民主主義の拡大を促すという主張にも懐疑的にならざるをえない。それは、グローバリゼーションが経済の世界市場化によって基本的には不可避なものであるとしても、台風のような自然現象とは異なり、そのコースは人間の力によって制御することが可能な社会経済政治的な動向なので、民主主義の帰趨はそのガバナンス、すなわち人々の政治的社会的意識に左右される。グローバル・ガバナンスに関しては、個々の国家の民主化がグローバルな民主主義、つまり国際政治や国際社会の民主化に直結しないという、ヨハン・ガルトゥンクの指摘がある。(1) 世界システムは依然として封建的権威主義的かつアナーキー的であり、過大な支配的な軍事的政治的権力が「ビッグ・パワー」によって握られていることから、民主主義国が数的に増加することが、国際的なガバナンスの民主主義化に直結しないと彼は論じている。さらに、国家は究極的権利の行為者としての自己認識を持つかぎり、権力や領土、あるいは支配権を求めて自己膨張する性癖を矯正できない。

国家中心主義の論理的な主柱の一つであるナショナル・インタレスト論は、他国の利益の伸張を自国のマイナスとみて、自国の利益のためには他国の損害もよしとするものである。このようなゼロ・サム的発想が支配する国家は、仮に民主的政治制度を採用していようとも、グローバルな民主主義の発展にとって阻害要因となるだけでなく、水平的な地域統合による広域的な地域的民主主義の拡大にも熱意を示さない。

しかしながらもう一つの側面からみると、国内的民主主義の進展は市民的自由を拡大することによって、国家から自立した自由な市民を生み出し、市民社会の成立と成熟を保障する。これによって、市民との団体による国家の枠を越えた行動と思想の発展がうながされる。ナショナル・インタレスト論に立つ国家であっても、民主主義が成立していれば、市民社会は発展し、この市民社会こそが国家の枠を突き破っていく。北東アジアはこの視点からみて、今日、大きな歴史的転向点に立っているとみることができる。歴史をひきずった国家間の不信と対立や、日本、韓国、中国のそれぞれの国における潜在的顕在的なナショナリズムの強さにもかかわらず、国家の枠を越えた市民社会の発展がみられるようになってきている。政治が一党独裁制下にあっても、市民社会が生成し、発展してゆく可能性は今日のグローバル化した世界においては存在する。それは、一九八〇年代のソ連・東欧圏の経験、特に「ポーランド連帯」によって立証されている。「ポーランド連帯」の理論家達は「独裁国家における自由な社会」という理論を生み出していたことを私は早くから注目していた。それは政治的民主革命があって初めて社会的経済的民主主義が可能になるだけではなく、個人の自立や団体の自由な活動を許容する経済的諸条件の発展が政治的民主主義の成立を可能とする側面を認識するものである。

二〇世紀の最後の四半世紀は、毛沢東がかつて言ったのと同じ意味合いではないが、「東風が西風を圧す」時代であった。それは、まず第一にはアジア経済の発展として現れた。これは衆目の一致するところである。少なくとも、一九九七年夏のアジア通貨金融危機に端を発した経済的社会的弱点の表面化まではそうであった。もう一つは、一九八一年の天安門事件で民主化の流れが切断された中国はさておいても、独裁から民主主義への世界的な潮流を先駆したのが北東アジアであった。一九八七年六月の韓国における「民主化宣言」とそれ以後の政治的社会的自由化の進展や、同年七月の台湾における戒厳令の解除によって始まった民主化、それらに先立ってフィリピンにおけるマルコス打倒に示されたピープルズパワーは、八〇年代末のソ連・東欧における民主化や、その前後から本格化したラテン・アメリカにおける独裁の崩壊と民主主義の回復に少なからず影響を与えていると思われる。「グラスノスチ」や「ペレストロイカ」という、共産党独裁の墓穴を掘る開明的方針をとったゴルバチョフは、アジア、殊に中国の市場経済化と開放体制の採用による発展に大きな刺激を受けていたことは間違いない。この意味でも、風が東から西に向かって吹いたのであった。

韓国においては労働運動の高揚という形で民主化の結果がかなりラジカルな形をとってまず立ち現れた。台湾においては既成の官製型労働組合システムの崩壊は始まり、いくつかの分野では活性化に向かっているものの、まだ強力な労働組合運動の誕生にはつながっていない。むしろ、台湾における革新は、政治レベルで国民党による独裁を破った民進党によって推進されてきた。しかし、権威主義的政治体制と経済を改革しようとする同党が政権についたことで、民主化の進展は期待されている。

その反面で、民進党政権の独立指向によって中台関係は緊張し、北東アジアの政治関係は複雑化している。

韓国と台湾における民主化を契機とする市民社会の発展が、東アジアにおいて市民的社会的連帯の新しい地平を拓いた。神奈川における、先述の「アジア太平洋ローカル・ネットワーク」労働部会会議に招待されたのは、韓国と台湾からの自主的組合活動家と民主化を支持していた学者であった。そこには、韓国西江大学朴栄基教授（のちに金大中政権で大統領直属経済委員会メンバー、二〇〇一年逝去）と台湾文化大学陳継盛教授（民進党結成の契機となった「高雄事件」の主任弁護士で現在は大統領府最高顧問）と私が呼かけ人となって、ソーシャル・アジア・フォーラムを発足させる条件が生まれていた。

その後北京から労働組合幹部と学者達が参加することになり、一九九九年に第五回フォーラムは中華全国総工会の協力を得て北京で開催された。この年以降、日韓台中の学者と労働組合関係者が、グローバル化する経済をにらんだ広い視野から提出される労働問題について文書報告をもとに、意見を交換する場としてフォーラムは毎年継続されてきた。このフォーラムは労働組合と労働関係団体の支援と協力を受けているものの、あくまでも個人参加の原則を貫いており、会議では決議や結論を求めず、自由な意見と経験の交流を目的としてきた。このフォーラムはまた、北京と台北からきた学者達が国家レベルでの緊張と対立からできるだけ離れて、実証的かつ実務的態度で社会労働問題を中心に研究成果と情報を交換する、唯一の場として機能している。この試みを通じて、政治的あるいは歴史認識に関する厳しい対立が国家レベルで存在していても、コモン・ソーシャル・スペースが北東アジアに確実に成立しており、国境を越えた北東アジア市民社会の生成と発展の可能性をわれわれがみるのは決して幻想ではないと確信している。

2 地域統合に不可欠な社会的側面

ここ数年、アジアの地域協力が自由貿易地域という従来の経済協力のレベルを越えて、地域統合というより高い次元を目指すべきだとする論議が目にみえて盛んになってきた。共同市場や経済統合にとどまらず、より包括的な「アジア共同の家」「アジア共同体」などの構想が、さまざまな形で提唱されている。しかしながら、それらはまだ抽象的なアイディアにとどまっており、公的な具体的提案や政府間による検討の対象となるにはまだほど遠いものがある。

二〇〇三年一二月に東京で開催された「日本・ASEAN特別首脳会議」において、小泉首相は、「ASEAN＋3」（日、韓、中）による「東アジア共同体」を提唱した。このいささか唐突な呼びかけは、かつての大アジア主義による「大東亜共栄圏」の誤りへの反省を欠いているばかりか、内容的な裏づけとなる提案を欠いたジェスチャーにすぎないとみられた。ASEAN首脳は「東京に来てみたものの、心ここにあらず。ASEANは中国の猛烈なアタックに心を奪われている」（『週刊東洋経済』二〇〇四年一月一七日号）という状態であった。それは、これまで日本政府が地域統合に一貫して否定的、少なくとも消極的であったから、その真意を疑われ、本気とは受け取られなかったからであろう。

アジア通貨金融危機以後、ASEAN諸国は共通の経済圏拡大を目指して、「ASEAN＋3」構想を提起し、日本、中国、韓国にアプローチしてきた。また韓国は、日本と中国の三カ国による「共同市場」構想を提唱してきた。このようなアジアにおける経済圏や、世界的に進行している個別的な自由貿易地域（FTA）に日本は、これまで消極的な態度をとってきた。

これとは対照的に中国は非常に積極的な反応をみせてきた。伝統的にみると中国は国際関係において二国間をベースとしてきており、マルチラテラルな関係や地域全体に対する包括的アプローチをとってこなかった。しかし、特に二一世紀に入ってから、日本よりもはるかに積極的に地域的統合に熱意を示してきた。二〇〇〇年一一月のシンガポールにおける「ASEAN＋3」首脳会議では、朱鎔基総理（当時）が①中国・アセアン基金への五〇〇〇万ドル増資、②経済貿易分野での協力拡大、③メコン川流域開発への参加、④関係強化を目指す専門家グループの設置を提案した。また、二〇〇二年のカンボジアでの中国ASEAN首脳会議では、朱総理が前年の自由貿易地域設置から一歩進めて、「包括的経済協力枠組みの取り決め」と「南シナ海関係各国の行動宣言」に合意調印した。

中国はまた、日本と韓国に対してFTAの締結を提案している。中国の日本と韓国に対する積極的アプローチは将来における「東アジア共同体」（EAC）構想を実現することを目指すものとみることができよう。

こうした中国の対外積極性は、社会的な門戸開放政策に裏づけられつつある。比較的最近までは「外から入るもの」に警戒的であった。いま、選別性や制約は残っているものの、最近ではより自信のある態度がみられるようになった。最近は日本人観光客に対して、韓国と同じように「ノー・ビザ」政策がとられるようになったのもその一例である。二〇〇三年九月に上海での第九回ソーシャル・アジア・フォーラムに出席したわれわれ日本人グループは普通の訪問者であったけれども、以前に被招待者として訪中した時に経験したよりも迅速な入国管理の対応に強く印象づけられた。上海空港での入国と通関はほとんどノーチェックで三分もかからなかった。この面からみれば、成田空港の入管に並ぶ外国人の長蛇の列からみても、日本のほうがはるかに制限的となってしまっている。

中国社会の開放化と国際化を最も良く示すものが情報社会の進展である。広大な国土において巨額な通信インフラを必要としない携帯電話とコンピュータ利用のインターネットが目覚ましく普及している。二〇〇二年末の携帯電話保有者は二億人に達し、同年末のインターネット利用者は前年比七五・四%増の五九一〇万人となり、二〇〇三年には四六%増の八六三〇万人になったと推定されている。これは日本を抜き、アメリカに次ぐ世界第二位となる数である。

今日、中国の友人達と連絡や情報交換のために、Eメールや携帯電話を通じてアクセスすることは容易であり、何らの障害もない。わずか二〇年前の困難なコミュニケーションの状況と比較して、今昔の感を禁じえない。個人的な体験だが、二〇〇一年に台湾中部の鹿港で第七回フォーラムを開催した時、日本人のもつ携帯電話で日本にかけることができず、北京から来た中国の友人から携帯電話を借りて通話したことがあった。日本のケイタイが国際的に通じず、中国のケイタイが国際通話可能という事実は国際化に熱心（？）な日本と日本人にとってまことに皮肉なことであった。

韓国においても、一九八〇年代以降の民主化が飛躍的な国際化と社会の開放化をもたらしている。一九八五年六月の民主化宣言以降、韓国への出入国は次第に自由になり、一九九六年に韓国がOECD加盟を果たして以来、市民的自由の度合は特に情報化と自由な情報のフローに関して、完全に先進国の水準に達してきている。

労働運動が自由化され、活発化したことから、ここ二〇年間に韓国の賃金は急上昇し、それに伴って国民の生活水準は飛躍的に向上、自動車や住宅に対する需要をテコに内需は大きく拡大した。こうした経済発展はかつてないほどに、日本と韓国の社会的相似性を両国民に強く意識させることになっている。

教育に対する熱心さは東北アジア社会に共通しているが、この面では韓国が一頭地抜いているようにみえる。韓国は日本と同じ六・三・三制をとっており、中学校までは義務制であるが、高校進学率は九九・四％に達しており、大学進学率は一九九七年以降六〇％台という世界最高レベルになっている。その反面、女性の社会進出と雇用、所得格差の拡大傾向、政治腐敗とスキャンダルの続発、社会の老齢化、農村の過疎化と荒廃など、日本と同じような問題をかかえている。

かつては日本人にとって「近くて遠い国」であった韓国との距離感は、近年著しく短縮され、あらゆるレベルでの交流が進んでいる。ソウル・オリンピックやサッカー・ワールドカップの共同開催も日韓両国人の心理的なへだたりを解消するのに役立った。最近の世論調査をみると韓国人の厳しい対日感情にも徐々に変化が生まれてきている。「日本人が好き」という人はまだ比較的少なく微増にとどまっているが、かつては常に過半数をはるかに越えていた「日本人は嫌い」が大幅に減ってきた。特に若い人の間では、そのような回答が年配者の半分以下という割合になってきている。

韓国政府は日本と友好的な関係を強化するとともに、中国に対して日本以上の積極的接近策をとっている。特に、韓国の中国に対する積極的投資や人的交流の進展には目をみはらせるものがある。東北アジア三国の協力関係の発展と地域経済圏の創出に最も熱心なのが現在では韓国であるといえる。

しかしながら、以上のような協力関係の発展と統合を可能にする客観的諸条件の潜在的成熟にもかかわらず、本格的な統合論議が地域的なレベルで開始できないのは、主として次の三つの政治的な理由による。

第一は、歴史認識に関する問題である。第二は、潜在的顕在的に存在するナショナリズム、第三が北朝鮮と台湾という、域内に政治的対立を生む要因としての分裂国家の問題である。

歴史認識はナショナリズムと密接に関連している。第二次世界大戦後、ドイツはヨーロッパにおいて人種的迫害と侵略的戦争の原因となったナチズムの清算を徹底して行い、ヨーロッパ人として共通の歴史認識を共有するのを可能にする道を拓いた。これに対して、日本の場合、戦争責任の問題の解明と他のアジアの戦争被害者への補償が不徹底に終り、近隣諸国との関係に暗い影を落とすことになった。特に、日本による侵略と支配の被害を受けた中国と韓国は歴史認識の問題にセンシティブである。歴史認識の相違が過去を現在の対立に甦らせ、排外的なナショナリズムを刺激している。この歴史認識の問題は、専門家による共同研究というレベルで解決しうるようなアカデミックな問題ではない。

これは高度に政治的な問題であり、将来に向けての政治的判断と決断のみが解決の道を拓きうる。イギリスの歴史家E・H・カーが『歴史とは何か』（岩波新書）で指摘しているように「歴史は過去と現在の対話である」以上に「過去と未来の対話である」。つまり、現在の対立は過去を引きずっているのであるが、現在に対立があるだけではなく、将来に向けてこの対立が続くことを予想（ないし期待）することが、対立的意識で過去を見ようとする衝動を強め、過去の対立面を強調してとらえることにつながる。しかしそれとは反対に、未来に向けて統合しようという政治的展望を持つならば、それを促進しようとする意識をもって過去をとらえることになる。地域的統合の推進という観点に立てば、近代の比較的短い期間の悲劇的な対立がいかに深刻なものであっても、それを相対的なものとしてみることができ、二千年にもわたる交流と協力によって生まれた長い歴史的文明的共通性を重視することにつながる。将来に対する共通の目標と意欲を持つことができれば、それによって過去の不幸な歴史を乗り越えて、新しい共通的な北東アジア史を獲得できる。これこそが、われわれに現在課されている任務であろう。

しかしながら、歴史認識の問題は一つの重要なカギではあるが、すべての対立がこれから発生しているわけではない。異なる文化や言語、あるいは歴史的伝統や慣習に根ざした、民族性や非政治的ナショナリズムは存在しているし、これを否定することはできないし、また否定すべきではない。このような非政治的ナショナリズムと民俗的個性は、地域統合やグローバリゼーションと両立するだけでなく、それを包みこむことで地域的統合を促進することができる。また統合の内容を豊富化するために、むしろそれらは不可欠なものと捉えるべきであろう。

北東アジアにおける地域協力論とその線上に浮かびあがりつつある地域統合論は、政治的統合の展望はいうまでもなく、政治的協力の十分な展望をも欠いているので、経済的側面、主として共同市場の創出に集中している。さらに、これまで出されている北東アジアを対象とするあらゆるFTA、共同市場あるいは共通経済圏の提案は、社会的側面を一切無視するという奇妙な共通性を持っている。しかしながら、社会的側面を無視あるいは軽視した地域統合で、果たして広い関心と域内の国民的な支持を得ることが可能であろうか。この問題に立ち入る前に、統合についての先進地域であるヨーロッパの経験と先例を検証してみたい。ヨーロッパ統合が社会的側面を経済統合に不可分なものとして出発点から一体化してきたことは、次の章で具体的にみることにするが、ここでは北米自由貿易協定（NAFTA）でさえも環境と労働という二つの面を十分とはいえないまでも含めていること、またアフリカ連合（AU）という統合構想も社会的側面を重くみていることも指摘しておきたい。

3　ソーシャル・ヨーロッパの経験と教訓

われわれが「ソーシャル・アジア」を発想するうえで、直接的かつ最上の刺激となったのは欧州統合の経験であった。アジアで一般的に、そして特に日本では、ヨーロッパ統合を経済主義的に捉える傾向が強い。それはそのプロセスを客観的に捉えるよりも、自分の関心と価値観を反映させて物事を受け取る主観的傾向によるものであろう。

欧州統合の出発点の思想は、カレルギーやモネなど初期の先覚者達の考え方にはっきりとみられるように、二〇世紀に二度にわたる世界大戦が欧州における対立を契機とし、ヨーロッパを主戦場として大きな惨禍と計り知れない損害を世界とヨーロッパにもたらした民族的対立への反省と、恒久的平和への希求に基礎を置いていた。欧州における諸民族の融和と安全が地域統合にあたって最優先的に重視された。この目的のために、第二次大戦後は特に、対立の根本にあったドイツとフランスの国民的融和が大規模な文化的教育的その他の交流を通じて行われた。特に、若い世代の交流が大規模に組織され、さまざまな交流を通じて草の根レベルでの和解と理解が公的私的に促進された。

私的な経験だが、何年か前、アムステルダムからドイツ北部のブレーメンに向かう機中で、フランス人小学生の大きなグループと乗り合わせた。付き添いの若い女性教師と話しているうちに、この子たちは南仏のトゥールズから二週間のホームスティのために北ドイツに向かう途中だということを知った。こうした小学生、中学生の草の根交流が教育活動の一環として、毎年定期的に大規模な公的支援のもとに行われているとのことであった。民族的対立の歴史を国民的規模での交流と和解を推進することで克服するという努力があって初めて、ドイツとフランスの欧州統合のための協調が実現されたことを実感したエピソードである。

欧州統合は、当然ながら共通性の大きい経済的分野での協力から始まった。それは戦後まもない一九五一年に結成された欧州石炭鉄鋼共同体という形でまず出発した。注目すべきことはその発足時から政府、使用者および労働組合の三者構成主義というＩＬＯにおいて第一次世界大戦後に確立された原則が組み込まれ、その運営に対する労働者の平等な参加の道が開かれていたことである。

この共同体を発展させ、ドイツ、フランス、イタリアおよびベネルックス（オランダ、ベルギー、ルクセンブルク）の六カ国によって一九五八年に創設された欧州経済共同体（ＥＥＣ）、その後の欧州共同体（ＥＣ）も経済統合におけるソーシャル・ダイメンジョン（社会的側面）を不可分なものとして位置づけていた。のちにＥＵの基本法となったローマ条約は、その前文で「各国民の生活および雇用の条件を絶えず改善することを努力の主要な目的」であるとしている。統合の目的が一般的な国民の生活と雇用の改善であることを鮮明にすることによって、広い安定的な国民の支持なしに経済統合は達成されないという認識を示している。

ローマ条約本文は、労働者の域内における自由な移動と就職（四八～五一条）、社会改革の必要性（一一七～一二二条）、連帯的支援のための欧州社会基金の創設（一二三～一二八条）、政労使の三者代表による経済社会協議会の設置（一九三～一九八条）を規定し、社会的側面の具体化を規定していた。

共通市場を目指す共同体設立条約が社会的側面に一章をあて、条文上の規定を盛り込んだことは先見的であった。EUへと発展した現在までに多くの社会労働政策が採択され、それらに基づく具体的措置が実施されてきたが、ローマ条約のこれらの社会条項がその出発点となった。

しかし、当初のローマ条約に基づく社会政策には大きな弱点があった。それは同条約に基づく経済政策のかなりの部分が強制力のある具体的措置に裏づけられていたのに対し、社会政策の条項は実施規定と拘束力をほとんど欠いていた。特に、その中心部分である一一七条から一二八条に定められた目的を実現する手段が、「研究」「協力」「勧奨」に限定されていた。この限界を突破した原動力は何といっても強力なヨーロッパ労働運動の結集した努力によるものであった。

一九七二年に発足した欧州労連（ETUC）は当初、国際自由労連加盟組合のみで構成されていたが、その後にオランダ、ベルギー、フランスなどのカトリック系組織や、イタリア、スペイン、そして最終的にはフランスのCGTなど旧世界労連系組合をも包含して、ヨーロッパの組織労働者の九五%以上を代表する強力な組織に発展している。このETUCとその加盟産別組織による国内的な政府に対する強力な働きかけによって、ローマ条約を越えて、社会的側面を充実させる努力が活発に行われてきた。EU加盟諸国においては、社会民主主義政党だけではなく、保守本流の政党においても、イギリスを例外として、労働者参加を積極的に肯定し、三者構成主義による社会労働政策決定が受容されていたので、社会的統合と社会政策強化について一定の合意が一九八〇年代前半に形成された。これは、欧州の政治的統合を準備するローマ条約改正（新条約の採択）作業の一環として行われた。

この合意は、一九八五年の欧州単一議定書によって具体的な形を与えられている。この議定書の目的は「社会的状態の改善」におかれ、それを実現する手段として、①満場一致制から限定多数決制への移行、②社会基金による支援と助成以外に手段のなかったEC社会条項に、「指令」という拘束力のある法律的かつ行政的性格の決定方式を導入することであった。

また、ローマ条約改正案として「加盟国は労働環境、とりわけ労働者の健康と安定に関する労働環境の改善に特別な注意を払い、すでに達成された改善を維持しつつ、この分野における諸条件の調和化を目的とする」(一一八条A)を追加、社会政策の範囲を労働力移動と安全衛生の諸問題から拡大した。

フランス社会党出身のドロールは、一九八五年にEC委員長に就任以後、精力的に欧州統合の質的強化を図るのと並行して、ソーシャル・ヨーロッパ政策を推進した。彼のイニシアティブのもとで欧州社会憲章(正式な名称は「労働者の基本的社会権に関する共同体憲章」)が一九八九年に採択された。この社会憲章を推進したのは欧州労連であったが、草案はECの諮問機関である三者構成の経済社会評議会および欧州議会の意見を受けて作成されたもので、加盟各国の支持を得ていた。ただし、サッチャー首相(当時)に率いられたイギリス政府は、使用者側の欧州産業連盟とともに反対に回った。この社会憲章は、法的拘束力のない綱領的文書で将来方向と目的を明示したものであったが、EC域内だけではなく、世界的に大きな影響力を持つことになった。この憲章の制定プロセスがソ連・東欧の民主化進行の時期とたまたま重なったので、「社会憲章は東欧諸国に対するメッセージである」(ドロール)といわれた。

この社会憲章は、今日のEUでも有効な基本的社会政策上の目的を定めている。その主要な項目は以下のようなものである。

・単一労働市場の創出とすべての労働者の均等待遇
・パート労働・臨時労働、有期労働の非正規労働者に対する保護
・労働時間の短縮と有給休暇の拡大
・移民の社会的参加
・団結権と団体交渉の自由
・情報、協議、参加の権利
・職業訓練
・安全衛生
・子どもと若年者の保護
・高齢者
・身障者

これらの各項目には原則的な宣言だけではなく、具体的措置の実施が含められている。さらに、この社会憲章に付帯して「実施にかかわる行動計画」も採択され、原則を実施するために必要な政策と行動が具体的に明示されている。

こうした諸原則と政策を実行していくうえで重視されたのが「社会的対話」（ソーシャル・ダイア

ローグ）である。これは労使団体をECの政策決定に参加させるための方法であったが、これは単なる方法というよりも、経済活動の主体である労働者が自分と家族に重大な影響を与える決定がその関与なしに行われてはならないという考え方を実践に移したものであった。企業レベル、産業レベル、国内レベルだけでなく、ヨーロッパ・レベルでの社会的対話が民主的な地域統合のために不可欠であると位置づけられている。ソーシャル・ダイアローグという考え方と慣行はヨーロッパではるか以前から存在していたが、ECレベルではっきりとした形と裏づけによって推進されることになったのはドロール委員長時代になってからであった。

社会的対話がその場限りの意見交換に終わってしまうことがないように、労使一致できる点は「共通見解」として発表されてきた。この共通見解には拘束力はないが、一致点を労使共同の名で外部に公表する意義は大きく、労使をECの政策決定に参加させる機会を拡大した。この社会的対話で労使双方が合意した内容を、欧州レベルの団体協約に発展させる可能性がローマ条約で新たに条文化（一一八条B）されている。

ECを発展させて政治的統合を目指す欧州連合（EU）を成立させたマーストリヒト条約（ローマ条約の改正）に、社会的条項はサッチャー首相の強硬な反対で盛り込まれることができず、それらは他のすべての国によって調印された単一議定書としてとどまった。しかし、その後、ブレア首相の労働党政権誕生によって、イギリスも社会条項を限定多数決制を受け入れたので条約本体に組み込まれ、現在はすべてのEU加盟国を対象とするものとなっており、EU拡大によって東欧諸国などにも適用されることになろう。

このように社会的側面を強化することによって質と量の両面で地域統合を促進してきたヨーロッパの経験と教訓は、アジアをはじめ他の地域において進行しつつある統合への動きにおいて十分学ばれるべきものであると考える。(2)

4　コモン・ソーシャル・スペースを求めて

北東アジアにおいて巨大な発展をみせた経済力はなによりもまずその地域における「人間の安全保障」と社会の発展のために用いられなければならない。北東アジア地域が生み出している富と域内諸国が保有する経済力をもってすれば、飢餓、児童労働と未就学の子ども達、貧困、失業といった社会的な諸問題を解決することは困難ではない。このような問題の解決は経済的能力というよりも、政治的意思と社会的連帯感にかかっている。経済活動が人間の意欲と意思によって推進されていくように、政治的方向と社会的連帯感も意識的な努力によって生み出されるものであり、自然的に成長していくものではない。

日本と韓国は先進国グループのＯＥＣＤ（経済協力開発機構）加盟国であるが、その社会的水準は必ずしも先進国並とはいえない。その一端は国際労働基準の批准と適用が未発達なことからもうかがえる。未成熟な国際法システムの中で最も歴史的に良く発達してきた分野の一つは労働法であり、Ｉ

ＬＯ条約と勧告を基礎に国際労働法は形成されている。ＥＵ諸国が平均一〇〇以上の条約を批准しているのに対し、日本はその半分、韓国と中国はさらにその半分というアメリカ的水準にある。また、既批准条約の適用上でも問題をかかえており、ＩＬＯ基準監督機関によって改善を求める指摘を再三受けている。

社会保障の分野でも日本は水準とその内容も現在さまざまな批判の対象となっており、北東アジアでもモデルとなるにはほど遠いものであるが、韓国では雇用保険や国民年金がようやく制度的に発足して間がないので未成熟であり、給付水準が低い。中国においてはこれまで国営企業がすべてを保障していたシステムがもはや行き詰まっているものの、全国的な近代的制度の導入はこれからの課題となっている。

充実した教育や社会保障、環境保護と保健衛生の拡充等の社会的諸サービスの裏づけとなる、所得の分配と公平な再分配を確保するためには公平で累進的な税制とその適切な実施が不可欠である。この面でも北東アジアにおいては透明性と普遍性のある近代的合理的制度が十分発達しておらず、その運用も恣意的なので、かなり抜本的な改革が必要とされる。

競争原理に基づく市場と企業のシステムが導入されていること自体を肯定するとしても、公正な競争のルール、情報の公開と経営の透明性、社会的な倫理と責任、労働者の基本的な権利について野放しの状況にあることは放置できるものではない。こうしたことについて、北東アジアの諸社会はいまだに大きな欠陥を持っているが、社会的公正を求める声が次第に強くなり、改革の動きが顕在化していることに注目したい。

北東アジアにおいては、北朝鮮を例外として、①教育水準の向上と社会の情報化を通じた批判的社会意識の発達、②自由な意見交換と国家とは自立した組織（企業を含め）の発達、③労働者の権利についての意識の向上と労働団体の自立という傾向が、この二〇年間に発展し、定着してきた。この傾向は今後さらに強まることはあっても弱まることのない不可逆的なものであると期待している。市民社会とは自立的な人々が自立的な活動を行いうる社会にほかならない。こうした社会はいますでに北東アジアにおいて成熟しつつある。日本や韓国においては市民社会が顕在的であるし、中国においてはいまだに潜在的であるが、その萌芽が既に十分知覚しうる。われわれのフォーラムにおいても中国の友人たちは、自らの社会の欠点を批判的に分析し、必ずしも公認されていない改革の必要性を率直に指摘することに躊躇しなくなっており、同じ地平でさほどの違和感なく意見交換できるようになっている。

北東アジアにおける市民社会は、それぞれの国における市民的自由の確立によって独自的に発展するものではあるが、お互いに刺激を与え、連帯することによって成熟を早めるだけでなく、国境の枠を越えた北東アジア市民社会を徐々に形成していくことができるであろう。このプロセスはすでに無意識のうちに、そしてまた意識的に進行しつつある。

北東アジア市民社会とコモン・ソーシャル・スペースの発展のために、なかんずく特別に重要な意義を持つ三つの領域があることを結論的に指摘し、その分野にわれわれの努力を傾注する必要性を訴えたい。それは、①教育における協力、②労働力移動を含む、人の自由な移動、③社会的対話（ソーシャル・ダイアローグ）である。

教育　歴史的には中国がこの地域における文化と教育の中心地であった。また歴史的に日本は朝鮮半島を通じて、またそこで育った文化と技術を学びつづけてきた。西洋文化と技術を他に先駆けて受容した日本は他の北東アジア諸国から留学生を受け入れる立場に近代になって初めてたつことになった。両次大戦間に日本が受け入れたアジアからの留学生の中から自国の革命や近代化に指導的な役割を果たすことになった人たちが少なからず輩出したことが想起される。

戦後は、日本は多くの留学生を送り出してきた。しかし、そのほとんどは欧米、特にアメリカに向かい、アジアに留学したものは例外的といってもよいほど少数であった。反面、日本にはかなりの数の留学生がアジア諸国から来るようになった。しかし、その受入れの絶対数は欧米諸国と比較すればまことに少数にすぎない。そうした中で、中曾根首相時代に「留学生」とは別枠の「就学生」制度が導入されたことにより、中国人学生の数はこの二〇年ばかりの間に飛躍的に増加した。

在外日本人子弟のための日本人学校や帰国子女に向けられている比較的手厚い対策に比較すると、留学生に対してとられている日本の制度と政策はまことにお寒いものである。金額的にも機会の面でも限定された奨学金、留学生のことを考慮しない大学の授業や指導体制、高い生活費と宿舎確保の困難さ（特にアジアからの留学生を公然と拒否するアパートや下宿）、言葉の壁等々、問題は山積している。しかし、これらは比較的小さな公的資金としっかりした留学生支援策によって、さほどの困難なく解決可能なことがほとんどである。ここでも問題は、政治的意思と社会的意識が本当のカベとなっている。日本の指導層の多くの人々とほとんどの大学教師が自ら海外留学の経験を持っているのに、これほど外国人留学生問題に冷淡でいられるのは信じ難いし、その責任を問わざるをえない。

特に中国からの就学生の問題はもはやこのまま放置できない状態にある。もともと日本の労働力不足を補うために中国から安価で、３Ｋ労働をもいとわない若い人々を、定着を予定しない学生身分で呼び寄せようという下心からこのスキームがつくられたことは公然の秘密であった。しかし、留学生として来日し、週二四時間程度に制限された就労可能時間内で、しかも日本人学生には制限が課されていない種類の「夜のサービス業」までが禁止されている中で、自分の生活費と学費を稼ぐことは「ラクダが針の穴を通る」のと等しいぐらいに至難な業である。このような制度は文字通り施行することはもともと不可能であり、そこで「違法」「不正」「脱法」の行為を助長せずにはおかない性格をもっている。このような根本的矛盾を放置したままで、一部の外国人犯罪を理由に留学生や就学生の来日や滞日を厳しく取り締まろうとすること自体が逆立ちした政策である。二〇〇四年度からアジア諸国からの私費留学生（いわゆる就学生も含め）は、日本入国の許可を得るためには日本での経費の支払い能力（本人ないし保証人の納税証明や預金高証明の提出などを通じ）を証明することが義務づけられ、領事館や出入国管理局による審査が格段に強められることになっている。また、従来はある程度大目にみられていた種類の夜のアルバイトも厳しく摘発され、接客行為（売春ではなく、酒食を客にサービスするだけでも）を伴う場所で就業行為があれば強制送還されるケースが続発している。

こうした高圧的かつ排外的政策が留学生に対してとられることは、日本に夢を抱いて来るアジア、特に中国人の若い人たちを失望させるだけでなく、「反日」ないし「嫌日」の感情を助長することに確実になるだろう。ハイレベルでの教育や高度な学術研究の分野での協力や助成にいかに力を入れようとも、大衆的に広い教育レベルでの交流が促進されなければ、コモン・スペースの創出はおぼつかない。北東アジアにおける地域協力のためには、そして将来の統合を促進するためにも、関係国で大規模な学生や青年の長期的短期的なさまざまな留学と交流を進めることが最も有効な投資の一つであろう。

労働力移動　ビジネスや観光のレベルでは日、中、韓、台の間での国境は非常に低くなっている。特に日本人にとっては、観光プロモーション策から一定期間のビザを免除する制度を韓国や中国などが最近とっているので、短期間の自由往来が実現されている。しかし、他のアジア人にとっての日本はビザと厳しい入国審査を必要とする、はるかに閉鎖的な国にとどまっている。この面での相互性は確保されていない。

外国人の就業については、すべての関係国が多少の相違はあっても制限的な政策をとり、自国に不足しているハイレベルな知識や技能を持つものだけを限定的に認める政策をとっている。台湾と韓国は、高度成長時代の労働力不足に対処するため単純労働者についても外国人の就労規制を緩和し、むしろ誘致しようとした時期もあったが、アジア経済危機後の経済状況の変化後は再び規制を強めている。

モノとカネに対する自由化と共通市場は比較的容易に成立しても、労働力自由移動は経済的な視点からのみ論じられてよい問題ではなく、はるかに高度な仕組みと統合力を必要とするきわめてセンシティブな課題である。

世界人権宣言や国際人権規約で保障されている市民的自由の中で、実現から最も遠いのが移動と居住の自由であろう。国境の壁は富裕層やエリートにとっては限りなく低くなっているが、資産と特別な技能のない圧倒的多数の庶民にとって、特に開発途上国の一般の人々にとってはいまだにかつての万里の長城よりも高くて越えられない障壁である。

地域協力のレベルでもこの労働力移住はすでに外交上の問題となっている。二〇〇三年一二月のインドネシア・ロンボク島におけるＡＳＥＡＮ労働大臣会議は、域内労働移動を初めて討議している。まだ合意には時間がかかると思われるが、インドネシアやフィリピンは積極的な労働力移動の自由化ないし規制緩和を主張している。これまで、社会労働問題をはじめ国内問題をタブーとしてとりあげなかったＡＳＥＡＮも近年変化しつつある。それは国内問題と国際問題に線引きをすることが不可能かつ不自然となった現実を反映するものであろう。

地域統合や「共同体」を論じたり、構想する場合、政治制度や主権国家の問題をタナ上げにしたり、先送りすることは可能かつ必要な場合がある。特に、北東アジアにおける地域統合を考える場合にはそのようなアプローチ以外には現実性を今のところ持ちえない。そのような状況の中では、経済的統合を社会的コモン・スペースを拡大しながら行う、というのが最も適切かつ現実的なアプローチであるとわれわれは考えている。この場合であっても、人の自由な移動と労働力共通市場の問題は出発点から避けて通ることのできない中心的問題の一つである。

特に、高齢化と少子化が急速に進行し、その傾向が弱まる兆しをまったく見通せない日本の場合、労働力や市場の開放は地域統合の有無にかかわらず正面から検討を開始しなければならない時期が到来している。

貿易や金融、投資の自由化のように、あるいは共通経済圏の創出のように、一定の条件と合意があれば短時日に展開、実現にこぎつけられるようなものではない。モノやカネの移動の自由化とヒトの移動の自由化は性質もレベルもまったく異なる問題である。

グローバリゼーションとそのなかでの地域統合が進行のペースを速めている世界において、労働力市場だけが一国主義で自己完結しうる時代はもはや去っている。この問題に関して、特に北東アジアの枠内で、研究、討論、そして部分的試行が早急に開始される必要がある。これは政府だけの課題ではなく、使用者と労働組合という基本的ステークホルダーが共に取り組むべきものである。そのためには社会的対話という、第三の領域が必要となってくる。

社会的対話　アジアにおけるあらゆる地域協力と統合に関する現在のスキームや将来の構想に最も欠けているのが、社会的側面であり、それを裏づけするための社会的対話である。ＡＳＥＡＮ、ＡＰＥＣ、アジア開銀その他の地域的機構の中で、ＩＬＯ地域機構を当然ながら唯一の例外として、政労使の三者による社会的対話が制度化ないし定期化されているところは一つもみあたらない。この点が、ヨーロッパとまったく違うし、一定の社会的対話がもたれている米州やアフリカと比較しても、地域的アジェンダから社会的対話がまったく欠落しているのが、残念ながらアジアの現状である。

地域協力や地域統合における社会的側面がどのようなものかは、先験的に決定できるものではなく、また事務的原案や政府によって一方的に形成されるべきものではない。社会的側面の性格や範囲、そして具体的な課題と対策に向けて合意をつくりだすことが社会的対話のまさに一義的な目的であり、任務である。その意味で、社会的対話なくして、社会的側面なしといってさしつかえない。

「社会的対話」（ソーシャル・ダイアローグ）という言葉は、ヨーロッパやＩＬＯにおいて頻繁に用いられているが、日本やアジア諸国においてはあまりなじみのあるものではないかもしれない。日本などでは類似の慣行があるが、必ずしも社会的対話とは呼ばれていない。

社会的対話の前提は、三者構成主義（トライパーティズム）であり、この三者構成とは政府、使用者および労働組合という、社会労働問題における主要なステークホールダー（基本的利害関係を共有し、それらの決定に参加しうる自主的な主体）を指している。この場合、政府とその社会的パートナーである使用者と労働組合がそれぞれ自立的であり、社会的パートナーが協力的かつ責任を共有していることが対話の機能を高める。

このような社会的対話が有効に機能するためには、政府、労働組合、使用者団体という主要構成要素の三者がそれぞれ自立した主体として存在することが必要である。労使団体の双方もしくは片方が完全に政府のコントロール下にある場合、三者構成主義による社会的対話は無意味である。これまでアジアにおいて社会的対話が重視されなかったのは、こうした前提条件が不在であったからにほかならない。しかし、市民的自由と市民社会の成長によって北東アジアの様相は大きく変化してきたし、今後も社会的自由に向けての成長が、経済の発展、成熟とともに続くとすれば、社会的対話が重要な意義を持つ時代に入っている。

この社会的対話の推力は常に労働組合運動であり、強力な労働組合運動とその自立的発展なしに社会的対話は進展しない。今日、北東アジアの労働組合運動は、欧米と比較した場合、まだ十分に政治的社会的影響力を行使しているとはいえない。しかし、歴史的にみて、今日ほど労働組合が政府と使用者によって自立的主体と認められるようになってきた時代はない。地域的な課題と地域統合の社会的側面に正面から向き合うことが、北東アジアの労働組合、特に日本の労働組合が「プレッシャーグループ的思考」による組合構成員の利益を守るためのスポークスマンから全労働者の代表へと成長する契機の一つになることを期待している。

「ソーシャル・アジア・フォーラム」を立ち上げた時期は、一九九四年に国連開発プログラム（UNDP）による「人間開発報告」が公表され、それによって「人間安全保障」の考え方が系統的に展開され、翌九五年の社会開発サミット（コペンハーゲン）に全面的に取り入れられた時期と重なっていた。われわれの研究と討論を貫く思想は「人間安全保障」の概念と軌を一にしていたし、この考え方がその後の活動の指針となった。小論で多用した「社会的側面」について踏み込んで論じなかったが、その言葉を「人間安全保障の側面」と言い換えることもほとんどの場合可能であろう。

私はアジア地域においても「安全保障」の核心は、ひとりひとりの人間の生活、所得、個人的安全などの安全と安心を確保することにあり、この目的は軍事力や国境の垣根を高めることによって守られるものではない。反対に、軍事力拡大競争による巨額な軍事費用の支出は「人間安全保障」を守る国家的地方的民間的努力を阻害している。

社会的連帯と社会的コモン・スペースの創出は北東アジアにおいて経済的統合と共同体の結成に資するものであると確信するが、それらは一義的になによりもまず人々の人間安全保障を高めることを目的としているし、それを前進させるものでなければならない。また、われわれの追求するコモン・ソーシャル・スペースは、北東アジアの排他的な地域的利益のためのクローズドショップではありえないし、それは常に拡大と連携の可能性をもつオープンエンドのものである。

注

（1） Johan Galtung, "Alternative Models for Global Democracy", in Baw Holden, *Global Democracy*, London, 2000.

（2） 本章の記述は、恒川耕司『ソーシャル・ヨーロッパの建設』（日本労働研究機構、一九九二年）とそれに収録されている諸資料に基づいている。同書は、駐ベルギー日本大使館のレーバー・アタッシェであった同氏によってまとめられた労作であり、多くの教示を受けたことに感謝の念を込めて記しておきたい。

エピローグ　北東アジア地域の構想力

増田　祐司

北東アジア地域の社会経済に関して将来を展望するには、次の〈三つのG〉が問われることになる。
I．北東アジアの構想力としてのグランド・デザイン（Grand Design）
II．二一世紀の地域社会の成長・発展（Growth）
III．北東アジア地域のガバナンス（Governance）

世界経済のシステム転換と北東アジア地域の経済

いま、二一世紀の初頭にあって世界経済システムでは絶対的にも相対的にも大規模な地理的な変化が生じている。その経済活動の地域が移動しており、現在もその動きは一層活発になっている。北東アジア経済は、七〇年代に始まる「アジアの奇跡」は、その多く東南アジアでの高い経済成長を指しているが、九〇年代後半の通貨・経済危機で挫折を経験した。しかし、二〇世紀末の東アジアの台頭はまぎれもない事実であり、それまでの停滞から転換して経済成長の中核的な地域が北上し、韓国、中国など北東アジア経済発展への基盤を築いた。そしていま、中国・沿海部を中心に新しい経済成長が進行しているのである。

第一にこのような中で北東アジア地域の将来を展望することは、〈プロローグ〉に述べたように、現状を踏まえ、その可能性に関して構想力を持つことにほかならない。すなわち、北東アジアはどのような展開を遂げているのか、遂げるべきなのか。どのような北東アジアの安定と平和を構築すべきか、また日本はどのような役割を果たすべきなのかを構想することである。それはまた、北東アジア地域の全体としての持続可能な発展を目的としたグランドデザインを描くことにほかならない。またその具体化の手法としての地域開発のマクロ・エンジニアリングが必要となるのである。

北東アジア地域のイノベーション・システム

第二に、二一世紀の北東アジア地域の発展を展望するにあたっては、地域のイノベーションのあり方に注目する必要がある。イノベーションで中心的な役割を果たすのは、一般的には企業システムであるが、本来イノベーションのもととなる技術知識は、必ずしも企業から生まれるものではなく、外部の異なる場所で創造される場合もある。また、その技術知識を活用しイノベーションを創出する人材の供給源も必ずしも企業内部からではなく、人的資源が外から供給されることもある。イノベーションの発生過程では企業外部の諸要素が深くかかわっており、それらを組み合わせたものが、イノベーション・システムである。

イノベーション・システムにかかわる諸組織・要素は、イノベーションの過程に関係する機関（主役となる企業、知識を提供する公的研究機関、大学等）の活動、およびこれらの機関の相互間での資源（知識、人材等）の流れおよびそれぞれの活動に影響を与える外的要因（例：政府による規制・奨励策、金融政策、雇用政策、教育・人材育成政策等）の総体として定義される。

イノベーションのあり方は、その国の社会経済体制に密接に関連している。一国の社会経済体制は、さまざまな経済活動に影響を及ぼし、イノベーションの方向をも左右していくのである。逆にイノベーションは、生産様式と生活様式を変容させ、社会経済の体質に影響を及ぼしていくことになる。このように、技術が製品化し、市場に出ていく過程には国ごとに異なる社会経済体制が大きな影響を及ぼすことから、国全体としてのイノベーション・システムを特にナショナル・イノベーション・システム（ＮＩＳ）という。

いま知識社会の課題となっているのは、いかに科学技術・産業体系としてこのナショナル・イノベーション・システムを確立し、これを国民経済、地域経済にいかにビルトインするかである。社会経済システムは、こうしてこれを国を単位として見るとき、ナショナル・イノベーション・システムを基層的なシステムとしており、これが、社会経済の活力、競争力の基盤となっているのである。

このナショナル・イノベーション・システムを超えて北東アジア地域のイノベーション・システムを構築することが欠かせない要件となる。

こうして、各国は世界的な競争の激化を背景にしてイノベーションを効果的に創出するため、それぞれのイノベーション・システムが機能することを妨げ、知識と技術の流れを阻害し、研究開発努力の相対的効率を下げているようなシステム的欠陥を改善し、是正するような政策を採っている。各国はそのナショナル・イノベーション・システム（企業、大学、研究機関等参加者の活動、政策、共通の知識基盤等）について、他国のシステムの優れた部分をとりいれ、各国に最も適したイノベーション・システムの構築に努めているのである。

技術ノベーションのあり方は、さらにその地域の社会経済体制に密接に関連している。地域の社会経済体制は、全体としてさまざまな経済活動に影響を及ぼし、イノベーションの方向をも左右していくのである。逆にイノベーションは、生産様式と生活様式を変容させ、社会経済の体質に影響を及ぼしていくことになる。このように、技術が製品化し、市場に出ていく過程には地域全体の社会経済体制が大きな影響を及ぼすことから、地域全体のイノベーション・システムを特にリージョナル・イノベーション・システム（ＲＩＳ）という。

いま北東アジア地域の課題となっているのは、いかに科学技術・産業体系としてこのリージョナル・イノベーション・システムを確立し、これを国民経済、地域経済にいかにビルトインするかである。社会経済システムは、こうしてこれを国を単位として見るとき、ナショナル・イノベーション・システムを基層的なシステムとしており、これが、社会経済の活力、競争力の基盤となっているのである。そして北東アジア地域ではリージョナル・イノベーション・システムが現実に形成されているのである。

中国のＷＴＯ加盟等経済活動のグローバル化に対応して、地域産業の空洞化と地域の内発的産業振興・新産業創造への取り組みが各地で進められている。

先進国の特定の地域において、その生産システムと地域におけるイノベーション・システムの両方を包含したクラスターという形態が見られる。特定の地域においてある業種の企業（集団）とその関連産業、専門部品供給業者、サービス提供者等が集中して立地し、地域内の大学等の研究機関、業界団体等の関連機関の支援を受け、競争と協力をしながら発展している。機能的には、これら企業は共通性と補完性で連結され、部品サービス調達の低コスト・迅速化、顧客ニーズの迅速な把握と対応、大学等からの新知識の活用も図られ、全体として多様な新製品の輩出によるイノベーションの継起と新産業創造に効果を発揮している。

地域の産学官連携によるこのクラスター形成と地域イノベーション・システムの強化に向けての取り組みとして、現在、「知的クラスター」と「産業クラスター」事業が展開されている。これらクラスターが連携して、地域で連鎖的なイノベーションが継起することが期待される。

この中にあって経済的な高度成長は、環境破壊をもたらしており、いまそれを超えて成長と環境のバランスを維持し、新しい発展の方向を開発することが、課題となっている。北東アジアの国々は、環境保全が必要であり、それを超えるためには「持続的な発展」を志向している。本来、経済成長と自然環境のバランスを図ることが重要と考えられている。しかし、いま「持続的発展」をいかに軌道にのせるかが、課題となっている。

さらに、いま内発的発展論のあり方が問われており、そのための対応が必要となっている。その場合、地域の持っている内発力だけではなく、内発性を基盤とした外部からの力を活用することが必要となってくるのであり、内発的発展の戦略が必要となっているのである。

二一世紀北東アジア地域のガバナンス

二一世紀に北東アジアの地域ガバナンスが問われることになる。「ガバナンス（協働管理、もしくは共治）」は、一九九〇年代初頭、冷戦の終結、グローバル化の進展など国際政治の構造的変化をうけて、これまでの国家中心的な国際関係に代わる新しい国際秩序の概念として登場したものである。西ドイツの首相をつとめたW・ブラント氏の発案で一九九二年に設定されたグローバル・ガバナンス委員会の活動が起源となっている。ガバナンスとは、政府（government）とは異なって、広くいえば「個人および公的または私的な制度・機構が共通の事柄を管理するさまざまな方法の総称」である。

これまでの主体は経済的、政治的、軍事的そして産業的な優位性を持っている国民国家が主導的な役割を果たしてきたが、二一世紀のグローバル・システムにおいては国民国家がグローバル・ガバナンスの主体となるのではなく、多国籍企業や多国籍組織が中心となり、それゆえに強力なガバナンスを発揮することはできない。

このガバナンスは、必ずしも公的権力によらない緩やかな活動調整の枠組みを意味しているのである。グローバル・ガバナンスとは、こうして単一の世界政府でもなく、原子的国家単位によるアナーキーでもない、多様な主体による多元的、重層的なネットワークとしての秩序構想を含むものである。これは、地域経済の相互補完的関係が密接となり、他方経済のグローバル化が先行するなかで、歪みを是正するためのグローバルな政治経済、社会的な枠組みを構築することの必要性が認識されているからにほかならない。開発、環境、人口などの地球的問題群、地域の問題群に対して、各国政府、また多国籍企業、市民団体（運動）、NGOなどによる争点ごとのルールと協議体制をつくることが、求められているのである。

この中で注目されるのは、IT（情報技術）が、北東アジア経済のあり方を大きく決めており、地域間関係の形成に影響を与えていることである。

ITを核とする技術イノベーション、グローバル化の進展で世界経済は大競争時代を迎えている。米国でのイノベーション、欧州では冷戦終結とともに市場統合、社会統合がEUという形をとって現れている。

それぞれが持っている経済発展プロセスは、それぞれ累積的な性質を持っており、これが社会システム、経済システム、技術システム等を規定し、これが社会経済発展のあり方を規定してきたのである。いま二一世紀にあって社会経済システムは、知識社会を創出しており、これが各々の社会、国家だけでなく、世界秩序にも新しい性格を与えることになったのである。この発展プロセスでは経済システムの構成者、参加者が、多様化する方向にあり、高度化する傾向にある。グローバル世界において国家は、それぞれ工業化、情報化、知識化を推進するためにグローバル化を図り、その点では国家の枠組みを明確にし、国際競争力、技術開発力を強化し、それによって逆に自らの優位性を確立しようとしているのである。

ＩＴ革命は、たしかに人々の意識を変え、インフラ、インターネットを時を逸することなく、開発し、ニューエコノミーの実現をすることが出来る。いくつかの遅れを取り戻すことが出来る。現代経済においては、いかに情報技術を取り込むかが盛衰を分ける分水嶺をなる。情報技術の活用が、国際競争力と新たな時代を展望することを可能にするのである。ＩＴ革命が進むほど、社会経済の後進性、ないしは遅れたと思われていることが、先進的な意味を持ってくるようになってくる。ここでＩＴ革命の意味の再認識する必要があり、また社会に伝統的な価値、意味、そして北東アジアの情報格差は貧富の格差が拡大している。現代の貧困問題は、新しい角度から考えなおす必要がある。

インターネットなど情報技術（ＩＴ）の発達により、これが社会技術基盤となり、社会発展のあり方、地域間関係を変えようとしている。こうしてそれぞれの地域で多様な主体から構成される多極的な世界秩序が形成されることになる。これまで世界秩序は、巨大国家と中小国家というタテの関係から構成され、それがまた先進性と後進性を反映した、このなかでグローバル・ガバナンスが進められてきたのである。

東アジアでは東南アジアが、一九九七年の経済危機を乗り越え経済成長を続けている。また北東アジアでは韓国経済が、危機を乗り越えて、ＩＴを基盤にして国際競争力を獲得し、世界市場に高いポジションを確保している。そして二〇〇一年には中国のWTOへの加盟が承認された。これは一三億人、世界人口の二〇%という巨大市場が自由貿易経済体制に参加したことを意味する。北東アジアは、この中国経済と日本経済、韓国経済を合わせると世界経済の約三分の一の経済規模に達するのである。

二一世紀世界経済のグローバリゼーションという大きな潮流の中で、新しいプレーヤーが登場し、またそれぞれの地域で独自の統合に向けて動き出している。その統合原理は、単なる国家間の地域連合体ではなく、これまでの国家を超えて企業や個人のネットワークをも包み込んだ構成体となりつつある。これが、国家間、企業間、そして個人間の関係を変え、世界秩序に地殻変動をもたらすことになる。九〇年代に急速に進行した市場経済化、グローバル化のなかで注目されるのはプレーヤーは必ずしも国民国家の規模ではなく、グローバル企業が登場し、その競争力が指標となって国家間関係も規定され、また一国のイノベーションのあり方が、評価されることになる。

二一世紀の北東アジア地域は、こうして二〇世紀の七〇〜八〇年代、とりわけ九〇年代に急速な発展を成し遂げ、黙示的なグランド・デザインのもとに世界経済のなかに大きな地歩を築きつつあり、地域のガバナンスを構築しようとしているのである。

あとがき

日本の社会経済は、大きな転換期にあるといわれて久しい。この新しい方向をいかに構想し、設定すべきか、構造改革の課題である。しかし、同時にこのことは日本だけでなく世界のなかの日本、また北東アジアのなかの日本とのかかわりで構想すべきものである。このため、転換の戦略と方向を探るために討論の場が必要とされている。

本書は、このような視角にたち、㈳生活経済政策研究所で二〇〇二年度から二〇〇三年度にかけて「二〇一〇年の北東アジア経済と社会労働編成——グローバル時代の社会経済と労働への技術インパクトと対応——」というテーマで、自主研究プロジェクトとして行われた成果である。

プロジェクトには、北東アジアの研究者、また本研究に関係の深い関連産業の労働関係機関・組織の専門スタッフにメンバーとして参画いただき、研究会を組織し、相互の研究報告・専門的意見の聴取、それに基づく有益な論議と交流を重ねてきた。また、北東アジア研究のために、韓国および中国の専門機関への訪問調査を行った。

研究プロジェクトメンバーの所属と執筆分担はつぎの通りである。

増田　祐司（島根県立大学副学長・主査　プロローグ、第1章、エピローグ）
周　　牧之（東京経済大学助教授　第2章）
張　　秉煥（岡山学院大学助教授　第3章）
原田　　泉（㈱国際社会経済研究所調査部長　第4章）
小林　良暢（グローバル総研所長　第5章）
植松　良太（自動車総連産業政策局長）
大谷　直子（ＪＡＭ産業業種政策局部長）
柏木　　勉（電機連合産業政策部専門部長）
小林　良一（ＮＴＴ労働組合企画部長）（順不同）

なお、研究プロジェクトに欠けていた視点である「北東アジアにおけるビジネス・ネットワークとＦＴＡ」（第5章）について蛯名保彦新潟経営大学教授、ならびに「北東アジア地域統合の社会的側面と市民社会」（第7章）について初岡昌一郎姫路獨協大学教授には御多忙にもかかわらず、御執筆を快くお引き受けいただいた。本書をより充実したものにすることができたことに、厚く感謝を申し上げたい。

本書の刊行にあたっては、出版事情の厳しい折、日本経済評論社の栗原哲也社長と編集部の谷口京延氏にお世話になった。ここに謝意を表する次第である。

二〇〇四年四月

㈳生活経済政策研究所「北東アジア経済研究会」

主査　増田　祐司

【執筆者紹介】（執筆順）

周　牧之（しゅう・ぼくし　Zhou Muzhi）
　1963年　中国湖南省長沙市生まれ
　1995年　東京経済大学大学院経済学研究科博士課程修了（経済学博士）
　現　在　東京経済大学経済学部助教授
　主　著　『メカトロニクス革命と新国際分業――現代世界経済におけるアジア工業化』（ミネルヴァ書房，1997年，テレコム社会科学賞奨励賞受賞），『鼎――托起中国的大城市群（Megalopolis in China)』（中国，世界知識出版社，2004年）

張　秉煥（ちゃん・びょんふぁん）
　1959年　韓国・大邱広域市生まれ
　1982年　韓国・慶北大学経済学部卒業（経済学博士）
　現　在　岡山学院大学人間生活学部助教授
　主　著　「IT 革命と東アジア経済」平川均・石川幸一編著『(改訂版）新・東アジア経済論』（ミネルヴァ書房，2003年），“Political Economy of Intangible Investment and Weightlessness,” in P. Banerjee and F. J. Richter (eds.), *Intagibles in competition and cooperation* (Palgrave, New York) 2001

原田　泉（はらだ・いずみ）
　1956年　生まれ
　1986年　慶應義塾大学大学院経済学研究科博士課程中退
　現　在　株式会社 国際社会経済研究所調査部長・主任研究員
　主　著　C & C 振興財団編『ブロードバンド国家戦略』（NTT 出版，2003年），C & C 振興財団編『デジタル・デバイド』（NTT 出版，2002年），いずれも共著，その他論文多数

小林良暢（こばやし・よしのぶ）
　1939年　生まれ
　1970年　法政大学大学院社会科学研究科経済学専攻修士博士課程修了
　現　在　グローバル総研所長
　主　著　『昇進の経済学』（東洋経済新報社，1995年），『IT 時代の雇用システム』（日本評論社，2001年），いずれも共著

蛯名　保彦（えびな・やすひこ）
　1938年　生まれ
　1963年　早稲田大学大学院経済学研究科修士課程修了（経済学博士）
　現　在　新潟経営大学学長
　主　著　『地域経済の空洞化と東アジア――アジアとの共生のために』（日本評論社，1996年），『環日本海経済圏と環境共生』（明石書店，2000年）

初岡　昌一郎（はつおか・しょういちろう）
　1935年　生まれ
　1959年　国際キリスト教大学教養学部卒業
　現　在　姫路独協大学教授
　主　著　『児童労働』（日本評論社，1997年），『ソーシャル・アジアへの構想力』（日本評論社，2001年），いずれも編著

【編者紹介】

増田祐司（ますだ・ゆうじ）

1938年　生まれ

1962年　東京大学経済学部卒業

東京経済大学教授，EC委員会上級研究員（第12総局FAST，在ブラッセル），東京大学大学院教授等を経て2000年より島根県立大学教授・北東アジア地域研究センター長，現在，副学長

主　著　『北東アジア世界の形成と展開』（編著，日本評論社，2002年），『デジタル・デバイド――構造と課題』（NTT出版，2002年），『公共政策への招待』（日本経済評論社，2003年），『グローバル社会の情報論』（早稲田大学出版部，2004年），いずれも共著，など

21世紀北東アジア世界の展望
――グローバル時代の社会経済システムの構築――

2004年4月15日　第1刷発行　定価（本体2300円＋税）

編　者　生活経済政策研究所
増　田　祐　司
発行者　栗　原　哲　也

発行所　株式会社　日本経済評論社

〒101-0051　東京都千代田区神田神保町3-2
電話　03-3230-1661　FAX　03-3265-2993
E-mail : nikkeihy@js7.so-net.ne.jp
URL : http://www.nikkeihyo.co.jp
文昇堂印刷・美行製本
装幀＊渡辺美知子

落丁乱丁はお取替えいたします。　Printed in Japan

ISBN4-8188-1584-5

NIRAチャレンジ・ブックス（既刊分）

1　市民参加の国土デザイン —豊かさは多様な価値観から— 日端康雄編著　2500円	地域の文化や個性が息づく、多様な価値観に対応した市民主体の国土づくりのあり方を探り、現在の国土利用・開発の計画体系を長期的視点から見直す。
2　グローバル化と人間の安全保障 —行動する市民社会— 勝俣誠編著　2700円	途上国で活動する市民社会のアクターが提起する今日の課題とは何か。「脅威と欠乏からの自由」を軸に一人ひとりの人間の視点から安全保障の見直しをせまる。
3　東アジア回廊の形成 —経済共生の追求— NIRA・E-Asia研究チーム編　2500円	共通通貨誕生の実現可能性を視野に入れて、その中での日本のあり方を探り、日本の将来について長期的・広域的に方向付けを行う。
4　他文化社会の選択 —「シティズンシップ」の視点から— NIRA・シティズンシップ研究会　2500円	人の移動のグローバル化が進む中、国民と外国人を分ける境界がゆらいでいる。他文化共生の観点から、海外事例も参照しつつ、日本の現状を踏まえて課題と展望を探る。
5　流動化する日本の「文化」 —グローバル時代の自己認識— 園田英弘編著　2300円	多様な諸「文化」との出会いが日常化しつつある時代の日本人のアイデンティティとは？　日本の社会や文化の姿を歴史的にも照射しつつ、今後のあり方を考える。
6　生殖革命と法 —生命科学の発展と倫理— 総合研究開発機構編　藤川忠宏著　2500円	体外受精やクローン、生命科学の技術開発は親子関係や家族を根底から覆す怖れを持っている。西欧諸国の現況を分析し、日本の法体系整備を検討する。
7　パブリック・ガバナンス —改革と戦略— 宮川公男・山本清編著　2300円	行政改革、地方分権、規制改革、住民参加など政治と行政の改革を促す働き、すなわちガバナンス改革への要求が高まっている。諸外国の例等からあるべき姿を考える。
8　中国のWTO加盟と日中韓貿易の将来 —3国シンクタンクの共同研究— 浦田秀次郎・阿部一知編著　2500円	中国のWTO加盟により、今後の経済（貿易投資）関係はどうなるか。北東アジアにおける共同開発のグランドデザインを如何につくるか。三国共同研究による政策提言。
9　次代のIT戦略 —改革のためのサイバー・ガバナンス— 高橋徹・永田守男・安田浩編　2300円	IT戦略の本質は「新たな文化の創造」にある。日本のIT戦略はほんとうに大丈夫か？　e-JAPAN戦略の次の一手をにらんだNIRAプロジェクトチームによる改革の指針！
10　北東アジアのグランドデザイン —発展と共生へのシナリオ— 北東アジア・グランドデザイン研究会編著　2300円	近未来、成長センターへの可能性を秘めた北東アジア地域。自然・歴史・民族を踏まえ、持続可能な発展を支える共生のあり方を、開発と協力を軸に提示する。
11　日中韓直接投資の進展 —3国シンクタンクの共同研究— 阿部一知・浦田秀次郎編著　2300円	増大する3国間の直接投資は、貿易を含めた経済的統合をますます強めている。企業アンケート調査分析や直接投資の現状分析・認識を通して、共通の経済的課題を追求する。

日本経済評論社　　（価格は税別）